Thèse pour le Doctorat

par

René *Cailliot*

Strasbourg. 1856.

UNIVERSITÉ DE FRANCE.

ACADÉMIE DE STRASBOURG.

THÈSE

POUR

LE DOCTORAT

PRÉSENTÉE

A LA FACULTÉ DE DROIT DE STRASBOURG

ET SOUTENUE PUBLIQUEMENT

LE SAMEDI 16 AOUT 1856, A MIDI,

PAR

RENÉ CAILLIOT,

AVOCAT,

dé Strasbourg (Bas-Rhin).

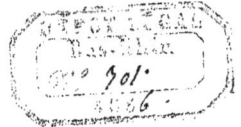

STRASBOURG,

IMPRIMERIE HUDER, RUE DES VEAUX, 27.

1856.

A MON PÈRE

ET

A MA MÈRE.

R. CAILLIOT.

FACULTÉ DE DROT DE STRASBOURG.

*La Faculté n'entend approuver ni désapprouver les opinions parti-
culières au candidat.*

JUS ROMANUM.

De donationibus inter virum et uxorem [1].

Antiquis majorum moribus apud Romanos diu receptum est non valere donationes inter virum et uxorem, ne se mutuo amore invicem spoliarentur [2], neve melior in paupertatem incideret, deterior ditior fierit [3].

Novus autem donationum status factus est senatusconsulto divi severi temporibus lato. Jus ergo in tractanda materia duplex est, ante senatus-consultum et post senatus consultum : de utroque separatim disseremus.

CAPUT PRIMUM.

De priori donationum jure.

---

§ I. *Quas personas et quas donationes spectat prohibitio.*

Dispiciendum est primo quæ donationes inter conjuges factæ videantur. Non inter virum et uxorem

1. D. Liv. XXIV. Tit. I.
2. Ibid. L. 1.
3. Ibid. L. 3. Pr.

dicitur donatio si ante matrimonium contractum facta est : nihil interest an in domum jam deducta fuit sponsa, signatæque dotis tabulæ[1]. Ergo inter eos qui matrimonio coïturi sunt ante nuptias donatio facta jure consistit etiamsi eodem die nuptiæ fuerint insecutæ ; nam inter sponsum et sponsam facta est, non inter virum et uxorem : non valet autem donatio ante nuptias in choata, si nuptiis demum secutis perfecta fuisset. Item quod sponsæ sub hac conditione donatur ut tunc dominium ejus acquisitum sit cum nuptiæ fuerint insecutæ, nullius erit momenti.

Quemadmodum donatio ante matrimonium perfecta non inter conjuges facta videtur, pariter nec illa quæ postquam divortio solutum sit matrimonium facta est. Hoc autem ita intelligi debet, si divortium sit legitimum ; nam si non secundum legem divortium factum sit, donationes post tale divortium factæ sine effectu sunt, quia non videtur solutum matrimonium.

Justi solum conjuges, exceptis tamen Augusto et Augusta, hac prohibitione continentur : inde sequitur concubinam donationem jure accipere ; valebit etiam donatio si propter aliquod impedimentum non valet matrimonium : sed ne melior sit eorum conditio qui deliquerunt, fas non est eas donationes ratas esse, et fisco tribuuntur[2]. Generaliter dici potest eis quæ in consuetudine non tanquam uxores habentur factas donationes valere, non autem valent eis factæ quæ etsi uxores non sint, tamen pro uxoribus habentur.

Sed cum suppositis personis fallere legem facile

1. D. Liv. XXIV. Tit. I. L. 66. Pr.
2. L. 3. § 1.

fuisset, non solum vir et uxor prohibentur sibi donare at etiam personæ quarum juri subjecti sunt vir et uxor quæve in eorum potestate sunt [1].

Verbum potestatis non solum ad liberos trahitur, verum etiam ad servos [2].

Attamen non omnes donationes spectat prohibitio, quamvis inter conjuges sint: prohibentur tantum istæ donationes si acquiritur conjugi, vel si a conjuge datur: unde si mater in castra eunti filio dedit, valet donatio, quia filio acquiritur, et est castrensis peculii. Cum autem ex constitutionibus posteriorum imperatorum, quidquid ad filium a matre pervenit patri non acquiritur, hinc dici debet si quid constante matrimonio mater filio tradiderit, hoc in bonis ejus fiet. Vice versa, ita demum qui in conjugis potestate est donare alteri prohibetur si ex bonis donat quæ ad conjugem pertinent. Quare si filius, vel quivis alius potestati mariti subjectus de castrensi peculio donavit, non erit irrita donatio [3].

Sicut dissoluto matrimonio inter virum et uxorem donationes valent, sic quoque inter eas personas.

Quod directe lex prohibet, nec indirecte fieri potest: non tantum igitur per se maritus et uxor cœteræque personæ dare non possunt, sed nec per interpositas personas [4]. Ideoquoque prohibentur illæ donationes quæ simulata alterius contractus specie teguntur: quod si tantum contractus aliquid donationis continet, in eo duntaxat

1. L. 3. § 2 et 6.
2. L. 3. § 3.
3. L. 3. § 4.
4. L. 3. § 9.

quod donationis habet infirmatur; ergo venditio donationis causa minoris facta nullius est momenti , si modo
animus vendendi non fuit sed donandi; si autem 'vendendi animus fuit, valet quidem venditio non autem
remissio[1]. Si vir dotem quam post dissolutum matrimonium restituere debet eo adhuc durante uxori restituat,
donasse intelligitur, ideoque nihil agit; ex certis tamen
causis manente matrimonio dos restitui potest, veluti
ut se suosque alat mulier, vel ut fundum emat.

Prohibetur quoque quidquid fecerit omiseritve conjux ut alterum conjugem cum suo detrimento ditiorem
faceret, veluti si uxor vel maritus exceptione quadam
donationis causa summoveri passi fuerint , facta a ju-
dice absolutione, valebit quidem sententia, sed condi-
cetur ei cui donatum est[2].

Cum ea imprimis causa ut supra diximus introducta
est prohibitio ne vir aut uxor alterius detrimento locupletior fieret, sequitur hinc ut cum nihil de bonis
erogatur veleat donatio. Ubicumque igitur non demi-
nuit de facultatibus suis qui accepit, valet donatio[3].
Id circo si maritus heres institutus repudiet hereditatem
donationis causa, dici debet valere donationem quia
non fit paupepior qui donat : non enim pauperiorem
accipere debemus qui acquirere neglexit , sed eum
tantummodo qui de patrimonio suo deposuit. Valet
etiam donatio inter conjuges cum is qui accepit non
fit locupletior: hinc si maritus fructus praediorum quae
in dotem accepit matrimonii tempore ab uxore percipi

1. L. 5. § 9.
2. L. 5. § 7.
3. L. 5. § 16.

passus est, eaque consumpsit, post divortium nihil repetere poterit maritus : non enim locupletior facta vi-
detûr uxor, cum lautius tantummodo vixit; sin autem
ex his locupletior facta est, in tantum potest conveniri.
Ideoquoque sepulturæ causa locus marito ab uxore vel
contra donari potest ; non enim videtur fieri locupletior
qui accepit, si acceptam rem religioni dicavit[1]. Locus
autem donantis manet donec fiat religiosus, id est
donec corpus inferratur[2]. Inde etiam sequitur factam
manumissionis causa donationem valere , licet hoc non
sic agatur ut statim ad libertatem servus perveniat, sed
resoluto quodam tempore ; donec autem manumittatur
donantis manet[3]. Si operis impositis mulier manumi-
serit, tenet quidem obligatio nec videtur mulier ex re
viri locupletior. Sin autem pecuniam ob manumissio-
nem acceperit mulier, si quidem ex peculio suo præce-
pit servus, nummi manent mariti, quia peculium est
mariti; nihil autem potest mulier acquirere ex bonis
mariti quo locupletior fiat; sin vero alius pro servo dedit, mulieris erunt licet fiat locupletior, quia maritus
ex hoc non fit pauperior.

Favorabiliter quoque receptum est conjugem non
locupletiorem fieri si quædam sarciendi damni causa
acceperit, veluti, exempli gratia ad refectionem œdium
incendio consumptarum. Qb eamdem causam si maritus pecuniam uxori ad aliqua peritura emenda dederit,
nihil poterit repetere, quia non locupletior facta videtur
uxor[4]. Natalia quoque et alia hujusmodi munuscula

1. L. 5. § 8.
2. L. 5. § 9.
3. L. 7. § 9.
4. L. 7. § 1.

propter paucitatem non prohibentur inter conjuges ,
si modo non sint immodica.

Denique non prohibentur illæ donationes quæ in
usu momentaneo alicujus rei consistunt et potius ex
conjunctorum concordia quam ex liberalitate nasci vi-
dentur : ergo si quas servi operas viri uxori præstiterint
vel contra, nihil repeti poterit. Non amplius donatio
intelligitur cum mulier dat promittitve aliquid viro in
pensationem onerum matrimonii quæ debet sustinere;
ita si uxor dotem viro promiserit et dotis usuras, peti
usuræ possunt; potest autem maritus petitionem earum
remittere si convenerat uti se mulier pasceret suosque
homines[1]. Hæc remissio usurarum dotis viro debita-
rum est velut annui cujusdam donatio, et ex annuo vel
menstruo quod uxori maritus præstat nihil repeti potest, nisi sit supra vires dotis[2]. Si autem uxor marito
vice versa annuum præstiterit, id quod extat vindicari
poterit : talis enim donatio incongruens videtur et
contra naturam[3].

Dignitatum favore receptum est quod adipiscendæ
dignitatis gratia ab uxore in maritum collatum est,
eatenus ratum esse quatenus dignitati supplendæ opus
est[4].

Prohibitione non continentur donationes inter conjuges quæ conferuntur in tempus soluti matrimonii :
valent igitur inter virum et uxorem mortis causa donationes[5], nam in hoc tempus excurrit donationis eventus

1. L. 21. § 1.
2. L. 15. Pr.
3. L. 23. § 1.
4. L. 40 et 42.
5. L. 9. § 2.

quo jam vir et uxor esse desinunt[1]; nec necesse est hoc
animo donari ut tunc solum res fiat uxoris vel mariti
cum mors insequetur[2]; sed qualiscumque sit donatoris
voluntas, dominium non nisi mortuo eo transfertur, et
si defecerit conditio, id est si prior decesserit cui donatum est tam hac donatione quam traditione quæ eam
secuta esset nihil actum erit. Hinc si uxor rem quam a
marito mortis causa accepit vivo eo alii tradiderit, nihil
agit ea traditione, quia donatæ rei dominium non ante
supremum mariti diem habuit.

Hæc exceptio solos inter conjuges introducta est:
idcirco qui in ejusdem potestate sunt quam vir aut
uxor prohibentur sibi mortis causa donare quia eorum
morte non solvuntur matrimonia[3].

Si maritus uxori donaverit eaque diverterit, generaliter dici debet infirmari donationem[4], nec jam in pen-
denti esse; nam satis maritus pœnituisse præsumitur
ex divortio cum plerumque eveniat ut aliqua offensa
causam dederit. Sin autem bona gratia factum divortium esset, aliquando enim evenit ut propter sacerdo-
tium vel sterilitatem[5], aliasve causas retineri matrimonium non possit[6], tali divortio non infirmaretur
donatio.

Eamdem propter causam qua mortis causa donationes
inter virum et uxorem permittuntur, etiam divortii

1. L. 10.
2. L. 11. § 1.
3. L. 53. Pr.
4. L. 11. § 10.
5. L. 60. § 1.
6. L. 61.

causa donationes receptæ sunt[1] : sæpe enim, ut supra
diximus evenit ut sine ulla offensa fiat divortium, pari-
terque in tempus excurrit donationis eventus quo vir
et uxor esse desinunt. Necesse est autem ut sub ipso
divortii tempore fiant, non ex cogitatione futuri cujusdam divortii[2], nam lex divortiis favere noluit. Sed si
divortium viro morte prævento non intervenerit, ideoque conditio divortii sub qua donatio facta fuit defecerit, non valet illa, et res ex hac causa uxori traditæ
ejus fieri non possunt.

Denique inter virum et uxorem exilii causa donatio
fieri potest[3] : quamvis enim deportatione bona mariti
secundum jus commune publicari debeant et de his
disponendi facultatem amittat, favore matrimoniorum
introducta est hæc decidendi ratio, quia nihil vitium
mulieris incurrit; attamen non adimitur licentia marito
eam revocare[4].

Illud adhuc animadvertendum est; quamvis uxor li-
beris qui sunt in potestate viri donare non possit, con-
ceditur tamen ei ut pro communi filia dotem cons-
tituat.

§ II. *De irritis donationibus inter virum et uxorem.*

Sic intelligi debet prohibitio donationum inter virum
et uxorem, ut ipso jure nihil valeat quod actum est.
Proinde si corpus donatum fuit et traditum, nec traditio

1. L. 11. § 11.
2. L. 12.
3. L. 13.
4. L. 13. § 1.

quidem valet [1]. Hinc sequitur ut si donata res extat,
vindicari potest, et nisi reddatur, æstimatio justo pretio
facienda. Cum autem aliquid ex donata re comparatum
sit, fit donatarii nec vindicari a donatore potest: item
si donata res in aliam speciem transiit, fit nova species
donatarii : si consumpta sit, condicitur hactenus quatenus locupletior factus sit [2]. Locupletior autem intelligitur si rem aliquam in bonis habet ex donata pecunia
comparatam; nec interest an solvendo sit necne.

Manet igitur donatoris res ex causa donationis inter
conjuges tradita : inde sequitur fieri etiam ejus quidquid huic rei accedit.

Quemadmodum propter prohibitionem traditio inu-
tilis est ad transferendum dominium rei inter conjuges
donatæ, sic quoque inutiles sunt promissiones vel ac-
ceptilationes ex causa donationis inter eosdem factæ.

Tempus autem litis contestatæ non rei judicatæ spec-
tari oportet an locupletiores sint facti [3], nec locupletior
videtur conjux si eo tempore nulla donata res extat vel
ex donata pecunia comparata, vel alicujus obligationis
liberatio.

Si dubium est unde ad mulierem quid pervenerit,
decorum est potius æstimari a viro aut ab eo qui in
potestate ejus esset ad eam pervenisse quam ab ex-
traneo [4].

In repetitione pecuniæ quæ conjugi donata est, non
veniunt usuræ : idem de fructibus industrialibus dicendum est, non autem de naturalibus.

1. L. 30. § 10.
2. L. 5. § 18.
3. L. 7.
4. L. 51.

CAPUT SECUNDUM.

De posteriori donationum jure.

Hic status erat donationum inter virum et uxorem,
cum imperator Antoninus Augustus, ante excessum divi
Severi patris sui oratione in senatu habita auctor fuit
senatui censendi ut non nihil laxaret ex tanto juris ri-
gore [1]. Secundum hoc senatusconsultum, fas est quidem
eum qui donavit pœnitere, sin autem ante supremum
vitæ diem non pœnituit, valet donatio, heresque nihil
ex illa eripere potest [2], proinde ac si testamento confirmata fuisset. Igitur post hanc orationem necesse non
fuit has donationes testamento confirmari ut valeant :
supervacuum enim est dicere etiam ante orationem testamento facto donationes confirmari potuisse.

Transeamus ad personas et donationes quas amplec-
titur senatus consultum. Non solum virum et uxorem
complectitur, sed etiam cœteros qui prohibitione continentur de qua supra dictum est [3]. Generaliter etiam
universæ donationes quas impediri diximus ex oratione
valent [4]; sive igitur res fuit quæ donata est, sive obligatio remissa, effectum habebit donatio. Item si dona-
tam rem donatarius consumpsit et locupletior factus
est, ex oratione valebit donatio : sin autem non locuple-

1. L. 32. Pr.
2. L. 32. § 2.
3. L. 32. § 16.
4. L. 32. § 23.

tior factus est qui accepit, orationis beneficium locum
non habebit, nam ut supra dictum est et ante orationem
nihil repeti poterat. Quæ autem per se ipsa nullius
sunt momenti, oratione non confirmari possunt, veluti
societas vel emptio venditio donationis causa contractæ,
quæ nec inter extraneos quidem valent [1]. Ubi morte
confirmata est donatio, ipso jure res fiunt ejus cui donatæ sunt, et Falcidia locum habere poterit [2]. Ipsum
adversus fiscum tenet jus ab oratione constitutum,
quamvis insigni plerumque favore circumventus appareat fiscus.

Videamus nunc quibus in casibus non ex oratione
convalescant donationes inter virum et uxorem. Si divortium post donationem intercesserit aut prior decesserit qui donum accepit, prius jus locum habet, scilicet
ut non convalescat donatio morte donatoris, nisi ex-
presse eam ultima voluntate confirmaverit. Favorabiliter autem receptum est valere donationem si ambo et
qui donavit et cui donatum est eadem forte ruina decesserint, nec appareat quis prior obiit. Idem dicendum
est si ambo ab hostibus capti sint, ibique decesserint
non simul, nam tempus spectandum est captivitatis
quasi tunc ambo simul defecerint, nec ideo dici potest
priorem decessisse qui accepit [3].

Ubi semel donatorem pœnituisse apparet, etiam he-
redi revocandi potestas tribuitur; si vero in obscuro sit
an voluntatem revocavit defunctus necne, proclivior
esse debet judex ad comprobandam donationem. Pœni-

1. L. 32. § 24 et 25.
2. L. 32. § 1.
3. L. 32. § 14.

tuisse videtur maritus si ea quæ donavit post donationem vendidit vel pignori dedit, licet dominium reti-
nuit[1]. Quod tamen mutavit Justinianus, ita, ut quamvis
postea vir in hypothecam dederit rem vel in pignus
tradiderit, tamen valeat donatio[2]. Si donantem pœnituit et postea desiit pœnitere, valet donatio, nam ex-
cepta pœnitentia quæ ex alienatione intelligitur, ultima
donantis voluntas inspici debet. Etiam non convales-
cunt donationes, si donator supremo vitæ die de rebus
suis disponendi jus non habuerit.

Hoc denique observandum est nullas confirmari posse
donationes nisi secundum legis observationem actis in-
sinuatæ fuerint, vel ejus quantitatis sint, intra quam
remittitur insinuatio.

1. L. 32. § 5.
2. Nov. CLXII. cap. 1.

DROIT FRANÇAIS.

Des privilèges du Trésor public et des différentes Administrations ou Régies financières.

INTRODUCTION.

Les privilèges établis au profit du trésor public sont motivés par des raisons d'État et entraînent souvent de profondes modifications aux dispositions du droit commun. Ces dérogations sont suffisamment justifiées par l'importance des droits que le législateur a voulu sauvegarder. Mais, malgré cette importance et bien que suivant l'observation de Bigot de Préameneu, les privilèges du trésor public appartiennent à un ordre supérieur à celui des intérêts privés, il y a un écueil à éviter, c'est d'accorder en pareille matière des garanties et des sûretés lorsqu'elles ne paraissent pas nécessaires et que leur effet peut nuire aux droits des tiers. Telle est l'idée qu'exprimait le premier consul lorsque, se rendant aux raisons exprimées par Treilhard et Tronchet pour astreindre les privilèges du trésor à la charge de l'inscription, il disait : «Il en pourra résulter quelques pertes pour l'État, mais cet inconvénient est moins grand que celui de sacrifier au fisc la sûreté des droits ou de la fortune des citoyens. »

Le Code Napoléon ne consacre à notre sujet qu'un seul article, l'art. 2098, qui se borne à jeter le fondement du privilége du fisc, en laissant à d'autres lois le soin de l'organiser: ce sont ces différentes lois que nous nous proposons d'examiner.

La règle établie par la deuxième partie de l'article précité, à savoir *« que le trésor public ne peut obtenir de pri-* *« vilége au préjudice des droits antérieurement acquis à des tiers, »* est une application du principe de la non-rétroactivité des lois. Le législateur a voulu consacrer l'inviolabilité des droits acquis à des tiers au moment de la promulgation des lois qui devaient assurer les priviléges du trésor, et que l'art. 2098 semble annoncer. Cependant il faut se garder de conclure de là que le fisc ne peut avoir de préférence au préjudice des droits acquis antérieurement aux siens, lors même que ces droits n'auraient pris naissance que depuis la promulgation de ces mêmes lois, car il est de l'essence du privilége de primer des droits plus anciens que lui. Méconnaître ce principe, ce ne serait plus faire du privilége un droit qui se mesure à la faveur de la cause, mais un droit dans lequel, comme dans l'hypothèque, la préférence se règle par la priorité du temps. On objectera peut-être que l'art. 2 suffisait pour prévenir toute rétroactivité; cependant l'art. 2098 n'est pas inutile, car les priviléges étant de droit exceptionnel, et donnant, de leur nature, préférence à des droits antérieurement acquis, on eût pu se croire fondé à dire que, dès qu'une loi aurait établi la préférence d'une créance du trésor, le privilége devrait s'exercer même à l'égard des droits antérieurs, et cela sans contredire le principe général de la non-rétroactivité des lois. C'est donc à tort que, par un jugement du 28 mars 1838, le tribunal de la Seine a refusé au trésor le privilége établi par la loi du 5 septembre 1807 pour le recouvrement des frais de justice en matière répressive, par le motif que le condamné ayant été déclaré en faillite en 1831, cinq ans avant sa condamnation, il y avait eu par l'ouverture de la faillite un droit acquis à la masse.

Lors de la discussion du titre des priviléges et hypothèques du Code Napoléon, il fut plusieurs fois question des priviléges du trésor, mais l'examen en fut ajourné dans le but de les réunir tous sous une disposition générale. Cet objet n'a jamais été rempli et nous n'avons sur cette importante matière que des lois spéciales, dont les unes ont suivi la promulgation du Code Napoléon et complété en quelque sorte l'art. 2098, les autres existaient antérieurement au Code et n'ont pas été modifiées par lui, et, enfin, quelques règles générales qui sont applicables au fisc, aucune disposition particulière n'étant venu y déroger.

En 1841, à l'occasion des travaux préparatoires de la réforme, alors projetée, du régime hypothécaire, quelques cours émirent le vœu que toutes ces lois fussent introduites dans le Code Napoléon; mais, vu le caractère propre des lois fiscales, ce vœu n'eut pu être réalisé sans inconvénients : ces lois, en effet, sont trop assujéties à une foule de circonstances accidentelles qui peuvent à tout instant en entraîner la modification, pour être insérées dans un Code dont l'immutabilité doit être un des caractères.

Nous allons traiter avec quelques détails les priviléges du trésor public et du trésor de la couronne sur les biens et les cautionnements de leurs comptables, puis nous passerons à un examen plus rapide des priviléges établis en faveur des différentes administrations financières pour assurer la perception régulière des impôts et revenus publics.

CHAPITRE PREMIER.

Priviléges du trésor public et du trésor de la couronne sur les BIENS et les CAUTIONNEMENTS de leurs comptables.

---

§ Ier. *Privilége du trésor public sur les* BIENS *de ses comptables.*

L'idée de l'établissement d'un privilége au profit de l'État sur les biens des comptables remonte aux temps les plus reculés. En Droit romain le trésor avait sur les biens acquis par les officiers comptables depuis leur gestion un privilége qui le faisait préférer à tous les autres créanciers. En France, nous voyons plusieurs ordonnances rendues dans le but d'assurer les priviléges du roi sur les biens de ses officiers comptables. Mais ces priviléges devenaient souvent illusoires par suite de leur organisation défectueuse et de la mauvaise foi des comptables. C'est pour remédier à ces abus que fut rendu par Louis XIV, sur la proposition de Colbert, l'édit du 13 août 1669.

Cet édit, point de départ de la législation actuelle sur cette matière, accorde au roi la préférence sur les créan-

ciers des comptables, fermiers généraux et tous autres
ayant le maniement des deniers publics pour les sommes
qui lui seront dues, nonobstant toutes saisies précé-
dentes, excepté les frais de justice, frais funéraires et de
dernière maladie, les droits des marchands qui réclament
leurs marchandises dans les délais de la coutume,
et les droits des propriétaires des maisons des villes sur
les meubles qui s'y trouvent, pour six mois de loyer.

Quant aux immeubles, l'édit ordonne que le roi soit
privilégié sur le prix de ceux qui ont été acquis depuis
le maniement de ses deniers, mais seulement après le
vendeur et ceux dont les deniers ont été employés à
l'acquisition, lorsque cet emploi sera mentionné dans
l'acte : si les immeubles ont été acquis avant le maniement, le roi n'a sur eux qu'une simple hypothèque.

Comme la séparation de biens entre les comptables
et leurs femmes contribuait souvent à rendre les droits
et priviléges du roi inutiles, par le moyen des reprises
franches et quittes de toutes dettes que les femmes
exerçaient sur les biens de leurs maris, comme aussi
par l'intervention des femmes frauduleusement séparées de leurs maris, l'art. 5 de l'édit veut que les dispositions que nous venons d'analyser aient lieu, nonobstant les actions des femmes séparées de leurs maris,
à l'égard des meubles trouvés dans la maison du comptable qui n'auront pas appartenu à sa femme avant son
mariage, et même sur le prix des immeubles acquis par
elle depuis sa séparation, s'il n'est justifié que les deniers employés à l'acquisition lui appartenaient légiti-
mement.

Lorsque l'édit de juin 1771 établit le mode des lettres de ratification qui purgeaient toutes les hypothè-

ques non conservées par des oppositions au sceau de
ces lettres, plusieurs espèces d'hypothèques, notamment
celles des femmes sur les biens de leurs maris, furent
dispensées de ces oppositions. Les priviléges et hypothèques du roi sur les biens des comptables n'étant pas
compris dans lesdites exceptions, on conçut la crainte
que les acquéreurs des biens des comptables ne pré-
tendissent avoir purgé ces priviléges par la délivrance
des lettres de ratification, sans que les droits du roi
aient été acquittés.

Pour ôter tout prétexte à des prétentions aussi con-
traires aux intérêts de l'État, la cour des aides de Paris
rendit un arrêt en forme de règlement le 12 janvier
1781. Cette cour ordonna l'exécution des lois antérieures, et notamment de l'édit du mois d'août 1669, et
décida, en conséquence, que les créanciers particuliers
des comptables qui avaient fait ou qui feraient saisir
leurs immeubles, seraient tenus de représenter les pro-
cès-verbaux au procureur général, à l'effet d'obtenir
son consentement, à peine de nullité des adjudications.

Il fut pareillement ordonné que tous acquéreurs de
biens des comptables, vendus ailleurs qu'au greffe de
la cour des aides, seraient tenus, dans le mois, de représenter leurs titres d'acquisition au procureur général, pour obtenir, d'après son consentement, des lettres
de ratification, à peine de nullité desdites lettres.

Enfin toutes lettres de ratification obtenues par tous
acquéreurs de biens ayant appartenu à des comptables,
vendus ailleurs qu'au greffe de la cour et qui n'auraient
pas fait signifier leurs titres au procureur général, furent déclarées non avenues à l'égard du roi.

Un décret de l'Assemblée constituante du 14 novem-

bre 1790 supprima les receveurs généraux et les receveurs particuliers, et créa les receveurs de district à
l'égard desquels elle ne négligea point de prendre les
précautions nécessaires à la sécurité des droits du trésor public.

Ces nouveaux comptables furent assujétis à fournir
des cautionnements en immeubles. Les actes de cautionnement devaient être reçus par le directeur de district et emporter privilége et préférence sur les biens
qui y étaient affectés, à dater du jour des actes y re-
latifs.

Tous les effets mobiliers et deniers comptants des receveurs de district et de leurs cautions furent affectés
au paiement de leurs débets, par privilége et préférence
à toute saisie antérieure, même à la femme en cas de
séparation postérieure à la nomination du receveur. Il
n'y avait d'exception que pour le privilége accordé au
fournisseur par les coutumes et celui des propriétaires
de maisons sur les meubles, pour six mois de loyer seulement.

Les immeubles acquis à quelque titre que ce fût par
le receveur, depuis sa nomination, furent pareillement
affectés à la sûreté des débets par privilége et préférence
à tous autres créanciers, à la réserve seulement de la
portion du prix due au vendeur, au créancier bailleur
de fonds, et même à tous autres créanciers du vendeur,
si les formalités nécessaires à l'établissement et à la
conservation de leurs priviléges et droits avaient été
observées.

Enfin les administrateurs de district étaient tenus de
faire valoir les droits, hypothèques et priviléges établis
par la loi, à peine d'en demeurer responsables. Cette

loi de 1790 n'est, à peu de chose près, que le renouvel-
lement, à l'égard des receveurs de district, des dispositions de l'édit de 1669 concernant les comptables rem-
placés par ces receveurs. Mais il est à remarquer que
la loi de 1790 établissait sur les cautions des receveurs
de district les mêmes priviléges et hypothèques que
sur ces receveurs eux-mêmes et pour le mobilier et
pour les immeubles acquis depuis la réception du cautionnement, sans en exepter les biens acquis par les
femmes même séparées de ceux qui se rendaient cautions.

Par un décret du 8 brumaire an II, la convention
nationale avait déclaré que l'hypothèque était acquise
sur les biens de tous les comptables, du jour de leur
nomination jusqu'à l'apurement définitif de leurs comp-
tes; que les comptables ne pouvaient vendre, aliéner,
hypothéquer ni disposer à quelque titre que ce fût, de
leurs biens immeubles, jusqu'au quitus de leurs comp-
tes, et que les lettres de ratification qui pourraient avoir
été ou qui pourraient être obtenues à l'avenir sur les
ventes et aliénations faites par les comptables ou leurs
ayants cause ne pourraient purger aucune hypothèque
au préjudice de la république.

D'après une loi du 11 messidor an III, les comptables
ne pouvaient disposer de leurs immeubles soumis à une
hypothèque nationale qu'à la charge d'en faire le rem-
placement, pour que les nouvelles acquisitions demeu-
rassent spécialement affectées à la sûreté des sommes
dont le comptable pourrait être reconnu débiteur.

Aussi, dans tous les temps, les pouvoirs législatifs qui
se sont succédés, ont pris soin de conserver tous les gages affectés à la sûreté des deniers publics, et les privi-

léges et hypothèques dont ces gages étaient grevés par les lois anciennes.

Cet état de choses a subsisté jusqu'à la loi de brumaire an VII, qui a établi un nouveau régime hypothécaire.

Cette loi n'a point atténué les priviléges et hypothèques du trésor public sur les immeubles qui y étaient soumis par les lois antérieures; mais, pour conserver à ces priviléges et à ces hypothèques tous les effets qui leur étaient assurés vis-à-vis des tiers aux époques où ils avaient pris naissance, il fallait non-seulement les faire inscrire, mais encore que les inscriptions eussent été prises dans le délai de trois mois fixé par cette loi, délai qui fut successivement prorogé par les lois des 16 pluviôse et 17 germinal an VII.

La matière des priviléges et hypothèques a été réglée de nouveau par le titre XVIII du Code Napoléon, promulgué à Paris le 29 mars 1804.

En établissant des règles nouvelles, ce Code n'a apporté aucun changement aux droits acquis au trésor public lors de sa promulgation. Il les confirme, au contraire, par l'art. 2098.

Cependant, dans les premières années qui suivirent cette promulgation, il arriva que quelques tribunaux méconnurent les priviléges que les lois avaient, de tout temps, accordés aux deniers publics, se fondant sur ce que le Code, en révoquant les lois antérieures, n'avait point, malgré le § 1er de l'art. 2098, excepté les lois en faveur du trésor. C'est à cette occasion que fut rendue la loi du 5 septembre 1807, qui n'est à peu de choses près que la remise en vigueur des anciennes dispositions.

Avant de passer à l'examen de cette loi, qui règle aujourd'hui les priviléges du trésor sur les biens des comptables, fixons-nous d'abord sur le sens du mot comptable. Les comptables, dit M. Troplong, sont ceux qui manient ou ont manié les deniers publics. Tels sont les receveurs généraux, les receveurs des contributions indirectes, les payeurs, les receveurs des communes et des hospices, etc. On ne doit pas comprendre dans la classe des comptables ceux qui ne font que surveiller et diriger l'administration et ceux qui ne sont que débiteurs d'un prix stipulé dans un contrat; pour être comptable, il faut être débiteur et manutentionnaire de fonds.

Tels sont donc, en général, les fonctionnaires soumis au privilége établi par la loi du 5 septembre 1807; cependant, comme nous le verrons bientôt, cette règle n'est pas sans exceptions.

Ce privilége est général sur les meubles et spécial sur les immeubles. Il s'exerce sur tous les biens meubles des comptables, même à l'égard des femmes séparées de biens pour les meubles trouvés dans les maisons d'habitation du mari, à moins qu'elles ne justifient légalement que lesdits meubles leur sont échus de leur chef, ou que les deniers employés à l'acquisition leur appartenaient[1]. On suppose, jusqu'à preuve contraire, que les comptables sont propriétaires des meubles. En ne s'expliquant pas sur la manière dont cette preuve doit être faite, le législateur laisse à cet égard toute latitude aux juges, qui devront suivre le droit commun: ainsi ils rejetteront la preuve testimoniale, si ce n'est

1. Loi du 5 septembre 1807, art. 2.

pour une valeur au-dessous de 150 francs, et la meil-
leure preuve résultera d'actes authentiques, d'un contrat de mariage, par exemple, lorsqu'un état estimatif
du mobilier y sera joint. Le mot meuble désigne tous
les objets qui sont meubles par leur nature, ou par la
détermination de la loi, conformément à la définition
qu'en donne le Code Napoléon aux art. 527 et suivants.

Il faut entendre ici par maisons d'habitation du
mari, non pas seulement celle qu'il habite réellement,
mais encore celles qu'il aurait le droit d'habiter : c'est
pour cette raison que la loi dit *les maisons* d'habitation
du mari et non *la maison*. Le privilége s'étend donc
aux meubles qu'aurait la femme dans une maison dont
elle aurait la propriété ou qui aurait été louée en son
nom. Il n'en serait pas de même des meubles que la
femme aurait en tout autre lieu, par exemple dans un
magasin loué en son nom, car là ils ne sont pas confon-
dus avec ceux du mari comme dans la maison d'habitation, et si l'État prétendait exercer un privilége sur eux,
il devrait d'abord prouver qu'ils appartiennent au mari.

Les créances qui ont pris naissance dans la personne
de la femme échappent également au privilége du trésor, alors même que les titres qui les constatent se
trouveraient dans la maison d'habitation du mari. Ces
titres, en effet, ne constituent pas par eux-mêmes une
valeur : ils ne sont que le signe d'une valeur, et cette
valeur ne se rencontre pas dans la maison et ne rentre
pas, par conséquent, dans notre espèce. Mais le trésor
serait admis à prouver que la femme n'a été que le
prête-nom de son mari, et les choses se passeraient
alors comme si le nom de ce dernier figurait dans l'acte
au lieu et place de celui de la femme.

En accordant à la femme séparée de biens la faculté de prouver que les meubles trouvés dans les maisons d'habitation du mari sont sa propriété à elle, il est évident que la loi n'a pas entendu retirer cette faculté aux femmes *non séparées* de biens; mais cette preuve sera pour elles bien plus difficile à fournir; cela leur sera même la plupart du temps impossible, et c'est pour cela que le législateur n'en a point parlé[1].

Le privilége dont nous nous occupons ne s'exerce qu'après les priviléges généraux et particuliers dont l'énumération se trouve aux art. 2101 et 2102 du Code Napoléon. Quant à sa durée, elle n'est point limitée par la cessation de fonctions, car cette cessation n'efface pas la responsabilité qui pèse sur ce comptable. Ce dernier n'est libéré que par la vérification et l'apurement de son compte, et c'est jusqu'à cette époque que doit subsister le privilége.

Voilà pour le privilége sur les meubles : il est, comme nous l'avons déjà dit, général.

Le privilége sur les immeubles ne frappe que sur certains d'entre eux; ce sont :

1° Les immeubles acquis à titre onéreux par les comptables postérieurement à leur nomination. On suppose ces immeubles acquis des deniers du trésor. 2° Les immeubles acquis au même titre et depuis cette nomination par leurs femmes même séparées de biens[2]. Les femmes sont ici présumées personnes interposées, comme lorsqu'il s'agit de meubles; mais ce n'est pas là une présomption *juris et de jure* ; elles peuvent être ad-

1. Lex statuit de eo quod fit plerumque.
2. Loi du 5 septembre 1807, art. 4.

mises à prouver que les deniers employés à l'acquisition leur appartenaient. Cette présomption d'interposition n'a été établie qu'en faveur du trésor, et les créanciers du mari ne pourraient par conséquent l'invoquer à l'effet de s'approprier l'excédant du prix de l'immeuble sur ce qui est dû au trésor. La loi n'établit cette présomption que contre les femmes des comptables, mais il ne faut pas en conclure que, pour échapper au privilége du trésor, les comptables pourraient faire faire leur acquisition par leurs proches parents. Si l'État parvenait à prouver que ces acquisitions sont simulées et ont été faites des deniers du trésor, il pourrait étendre jusqu'à elles le privilége qui lui est accordé. C'est ce qu'a décidé un arrêt de la cour de Limoges du 22 juin 1808, qui a déclaré affecté à la créance du trésor public un domaine acquis par le fils d'un comptable en son nom et pour son compte personnel, mais payé avec des deniers qui ont été reconnus provenir du père. Seulement, comme à l'inverse du cas précédent, la présomption est ici en faveur de l'acquéreur, ce sera au trésor qu'incombera la charge de la preuve, et il ne pourra exercer son privilége sur l'immeuble acquis qu'autant que l'interposition de la personne et la fraude seront établies. Cette théorie ne doit cependant être admise qu'avec une extrême réserve et en ne perdant pas de vue que les priviléges étant de droit exceptionnel, toute interprétation extensive doit être rejetée.

Nous avons dit que le motif qui a fait établir ce privilége est que la loi suppose les acquisitions, à titre onéreux, postérieures à la nomination du comptable, faites des deniers publics. Il semble donc que le privilége ne

doive pas s'étendre sur l'immeuble reçu en échange par
le comptable pour un immeuble qu'il possédait antérieurement à sa nomination, ou qu'il a acquis depuis
à titre gratuit. Il y a bien, en effet, acquisition à titre
onéreux et acquisition postérieure à la nomination du
comptable, mais la présomption qui a fait établir le
privilége n'existe plus. Cependant le privilége attein-
drait un immeuble acquis en échange de meubles, car
les meubles étaient soumis au privilége; il en serait de
même si l'immeuble acquis en échange ayant une valeur supérieure à l'immeuble échangé, le comptable
avait dû, en outre, payer une soulte.

L'immeuble acquis et payé depuis la nomination,
mais avant l'entrée en fonctions, échappe également au
privilége. En effet, il est clair que dans ce cas, comme
dans le précédent, l'acquisition ne peut être présumée
faite des deniers de l'État. Cependant des auteurs soutiennent l'opinion contraire; la loi, disent-ils, est si
formelle qu'il n'est pas possible de reculer devant son
application. Mais n'est-ce pas trop s'attacher au texte,
surtout lorsqu'il s'agit de restreindre une exception et
de rentrer dans le droit commun.

D'ailleurs, tant qu'on ne manie pas les fonds de
l'État, on n'est pas, à proprement parler, comptable :
donc dans l'espèce, l'acquisition n'a pas été faite par
un comptable et échappe, par conséquent, à l'application de la loi. Si nous supposons, comme tout à l'heure,
qu'un comptable, postérieurement à sa nomination,
échange un immeuble acquis antérieurement, en s'en
tenant rigoureusement au texte, cet immeuble devra
être soumis au privilége, et cependant cette solution
paraît éminemment contraire à l'esprit de la loi. Enfin,

supposons un immeuble acheté par un comptable qui
en doit encore le prix : n'est-ce pas dépasser le but de
la loi que de faire peser sur cet immeuble le privilége
du trésor ? Ainsi l'immeuble acquis et payé par le
comptable depuis sa nomination, mais avant son entrée
en fonctions, échappe au privilége du trésor. Il en est
de même de l'acquisition qu'il aurait faite avant sa nomination, lors même qu'il ne l'aurait payée que depuis
son entrée en fonctions. On peut objecter, il est vrai,
que tant que l'immeuble n'est pas payé, il n'est pas
acquis à l'acheteur [1], et que, par conséquent, l'acquisition est postérieure à l'entrée en fonctions, et de plus,
que le paiement ayant été effectué après cette entrée
en fonctions, il peut l'avoir été des deniers du trésor.
Mais, aux termes de l'art. 1583 du Code Napoléon, la
propriété est acquise à l'acheteur dès qu'on est convenu
de la chose et du prix, quoique le prix n'ait pas encore
été payé : l'acquisition est donc antérieure à la nomination. Quant à la présomption de la loi que le prix a
été acquitté sur les deniers de l'État, puisqu'il n'a été
payé qu'après la nomination, on peut répondre que le
comptable, ayant traité avant sa nomination, n'a pas dû
compter sur les fonds de l'État et avait par devers lui
les ressources suffisantes pour payer au terme convenu.
Cependant cette dernière solution paraît douteuse, car
l'acquéreur, prévoyant une nomination certaine, a pu
convenir d'une époque de paiement ultérieure, de manière à payer son prix avec les deniers de l'État.

Le privilége du trésor sur les immeubles de ses comptables ne peut préjudicier :

1. Venditæ res et traditæ non aliter emptori acquiruntur
quam si is pretium solverit.

1° Aux créanciers privilégiés énoncés en l'art. 2103, lorsqu'ils ont rempli les conditions prescrites pour obtenir privilége;

2° Aux créanciers désignés dans les art. 2101, 2104 et 2105, dans le cas prévu par le dernier de ces articles;

3° Aux créanciers du précédent propriétaire qui ont sur le bien acquis des hypothèques légales existant indépendamment de toute inscription, ou toute hypothèque valablement inscrite[1].

Ce privilége, conformément à l'art. 2106, est soumis à l'inscription qui doit être prise dans les deux mois de l'enregistrement de l'acte translatif de propriété. On avait proposé d'abord de l'affranchir de cette formalité, mais on décida que le fisc devait demeurer dans le droit commun. Cette disposition, d'ailleurs, ne compromet pas les revenus publics, l'administration pouvant prendre telles mesures qu'elle jugera convenables pour assurer l'inscription en temps utile. Il ne faut pas conclure de là que le privilége ne produit d'effet qu'à partir de l'inscription, car en donnant deux mois pour la prendre, la loi a nécessairement entendu que son effet remonterait à la cause du privilége, si le privilége est inscrit dans le délai voulu. Si le comptable revendait de suite et avant l'expiration des deux mois, et qu'il y eut transcription par l'acquéreur, il faudrait, aux termes de l'art. 834 du Code de procédure, que le trésor prît inscription dans la quinzaine qui suit la transcription; mais la loi du 23 mars 1855 sur la transcription ayant aboli l'art. 834 du Code de procédure, il serait indispensable, aujourd'hui, que le trésor eût

1. Loi du 5 septembre 1807, art. 5.

pris inscription avant la transcription. Cependant il aurait le droit de faire annuler une revente simulée ou contractée en fraude de ses droits, car le comptable ne peut rien faire qui porte atteinte aux droits du trésor en affaiblissant les garanties qu'il lui doit.

Si l'inscription n'est pas prise dans les délais voulus, le privilége du trésor dégénère en une simple hypothèque, conformément à l'art. 2113; mais en une hypothèque légale, car l'État ne peut en avoir d'autre[1]. Cette hypothèque n'aura d'effet que du jour de son inscription; mais aucun délai n'est fixé pour requérir cette inscription qui, d'après les règles du droit commun, doit être renouvelée tous les dix ans.

Quelques auteurs ont voulu, par argument de l'art. 2135, soutenir que cette inscription fait remonter l'effet de l'hypothèque légale à la nomination du comptable pour ceux des biens qu'il possédait avant sa nomination, et pour ceux qui lui sont arrivés depuis, au jour où le comptable en est devenu propriétaire. Mais il n'y a aucune analogie entre l'hypothèque légale des mineurs et des femmes mariées et celle dont nous nous occupons; les premières existant indépendamment de toute inscription. Nous n'admettons pas davantage l'opinion qui voudrait que l'hypothèque légale du trésor ne remontât qu'au jour des abus, malversations et débets constatés du comptable; car si ce dernier pouvait grever ses biens au préjudice du trésor jusqu'à l'époque où il serait constitué en débet; si les créances hypothécaires, inscrites avant cette époque, venaient primer l'hypothèque du trésor, bien qu'elle eût été la

1. Art. 2121 du Code Napoléon.

première inscrite, n'en résulterait-il pas que le but de la loi serait complétement manqué.

Quant aux immeubles acquis par le comptable à titre non-onéreux et à ceux qu'il possédait avant sa nomination, ils sont frappés d'une hypothèque légale à la charge de l'inscription, comme il est dit aux art. 2121 et 2134 [1]. En effet, la nécessité de respecter les droits des tiers antérieurement acquis, n'a pas permis au législateur d'étendre à ces immeubles le privilége du trésor : il fallait laisser aux hypothèques légales des femmes et des mineurs, et aux autres hypothèques acquises et inscrites avant la nomination du comptable ou avant l'époque où les biens lui sont échus par donation, partage, etc., un rang de préférence sur l'hypothèque légale du trésor public. Toutes les inscriptions hypothécaires qui sont requises au profit du trésor public doivent contenir l'élection de domicile aux hôtels des préfectures ou des sous-préfectures.

Comme les priviléges énoncés en l'art. 2101, celui du trésor ne s'exerce sur les immeubles qu'à défaut de mobilier. Cela semble résulter clairement de la discussion du Code Napoléon. En effet, l'art. 2104 du projet énumérait le privilége du trésor au nombre de ceux qui frappent sur les meubles et sur les immeubles, et l'art. 2105, qui vient après, dit que les priviléges de l'article précédent ne s'exercent sur les immeubles qu'à défaut de mobilier. Lors de la rédaction définitive, le privilége du trésor a été retranché de l'art. 2104, mais ce n'est pas pour le soustraire à l'application de l'art.

---

1. Loi du 5 septembre 1807, art. 6.

2105 : c'était pour en faire l'objet d'une loi spéciale qui doit être rattachée à cet article.

Les dispositions que nous venons d'examiner ne sont pas applicables à tous les comptables indistinctement, mais seulement à ceux qu'énumère l'art. 7 de la loi du 5 septembre. Ce sont les receveurs généraux et particuliers, les payeurs généraux et divisionnaires, les payeurs de département, des ports et des armées. Ainsi, quoique les percepteurs reçoivent des deniers appartenant au trésor, il a été reconnu, par une décision du ministre des finances du 21 mars 1809, que ladite loi ne leur est pas applicable, attendu qu'elle ne les a pas compris dans la désignation qu'elle a faite des fonctionnaires qui doivent être considérés comme comptables. Si l'on voulait appliquer aux percepteurs les dispositions dont nous nous occupons, il faudrait les étendre aussi à ceux des nombreux employés de la régie, des domaines, des contributions indirectes et autres administrations qui sont aussi chargés de recevoir des deniers appartenant au trésor, ce qui étendrait indéfiniment une exception que le législateur a voulu au contraire limiter autant que possible. Les comptables ci-dessus désignés sont tenus d'énoncer leurs titres et qualités dans les actes translatifs de propriété qu'ils passent, et ce à peine de destitution, et, en cas d'insolvabilité envers le trésor, d'être poursuivis comme banqueroutiers frauduleux. Les receveurs de l'enregistrement et les conservateurs des hypothèques sont tenus, au vu desdits actes, de faire ou de requérir les inscriptions au nom du trésor, et ils n'en seraient pas dispensés par le défaut de mention dans l'acte de la qualité de comptable, dans le cas où ils auraient connaissance de cette qualité. Cepen-

dant, lorsqu'il s'agit d'aliénations à faire, le ministre
des finances peut délivrer au comptable un certificat
portant que cette aliénation n'est pas sujette à l'inscription de la part du trésor. Cette faculté, accordée au ministre par l'art. 8 de notre loi, lui permet de dispenser
le comptable de son exécution, dans les circonstances
où son observation rigoureuse, paraissant inutile à la
garantie des intérêts de l'État, ne serait qu'un obstacle
apporté sans aucun but à la libre disposition des biens
du comptable.

S'il y a aliénation par un comptable des biens affectés
aux droits du trésor, les agents du gouvernement doivent
poursuivre, par voie de droit, le recouvrement des sommes dont le comptable aura été constitué redevable.
Dans le cas où le comptable ne serait pas actuellement
constitué redevable, le trésor public sera tenu, dans les
trois mois à compter de la notification qui lui est faite,
aux termes de l'art. 2183 du Code Napoléon, de fournir
et de déposer au greffe de l'arrondissement des biens
vendus un certificat constatant la situation des biens
du comptable, à défaut de quoi, ledit délai expiré, la
main-levée de l'inscription aura lieu de droit et sans
qu'il soit besoin de jugement. Il en sera de même lorsque le certificat constatera que le comptable n'est pas
débiteur envers le trésor.

Sous l'ancien droit, l'action du trésor public contre
les comptables et leurs cautions était imprescriptible;
elle n'avait d'autre terme que celui que le législateur y
mettait par des lois spéciales. Le Code Napoléon a soumis les droits du trésor aux principes généraux de la
prescription, et, aux termes de l'art. 10 de la loi de
1807, la prescription des droits du trésor, établie par

l'art. 2227 du Code Napoléon, court au profit des comptables non pas seulement du jour de l'apurement de leur compte, mais du jour où leur gestion a cessé.

§ II. *Privilége du trésor public sur le* CAUTIONNEMENT *des comptables.*

Le cautionnement est le gage spécial du gouvernement pour les deniers dont il confie le maniement à ses agents.

Anciennement il était exigé une caution de certains comptables des deniers publics, laquelle répondait de leur gestion; mais depuis l'arrêt du 30 avril 1758, qui substitua à l'obligation de cette caution celle du dépôt d'une somme déterminée, on a continué à désigner sous l'expression de cautionnement la somme que certains officiers ministériels ou titulaires d'office, comptables, etc., sont tenus de verser au trésor, ou la garantie, soit en rentes, soit en immeubles, que quelques comptables, régisseurs ou adjudicataires sont tenus de fournir à l'État ou à certains établissements publics.

Dans tous les pays où le maniement des deniers publics a été remis à certains comptables, dans tous ceux où la direction des intérêts privés a été confiée à des tiers, on a dû promptement sentir le besoin de garantir ces intérêts contre les abus et les malversations que ces agents pourraient commettre. C'est ce que nous apprend Plutarque dans la vie d'Alcibiade ; c'est ce que nous apprennent également plusieurs textes du Digeste.

En France, les employés des fermes du roi furent

5

longtemps les seuls qui étaient assujétis au cautionnement; plus tard la mesure fut étendue aux comptables
des deniers publics par un arrêt du conseil du 17 février 1779, qui a posé les règles principales auxquelles
les législations modernes se sont conformées.

La législation sur les cautionnements se compose
d'un grand nombre d'actes empruntés à des temps divers et qui réfléchissent les idées dominant à ces différentes époques. Ainsi la garantie qui résulte des cautionnements conserve son empire sur les esprits pendant
les premières années de la Révolution ; mais l'un des
premiers actes de la République fut de décréter en
principe la suppression des cautionnements (décret du
14 pluviôse an II). On ne tarda pas à reconnaître l'inconvénient de ce système, et la loi du 15 germinal an
IV revint au régime antérieur. Depuis, le législateur
n'a fait que persévérer dans cette voie; mais il ne rentre
pas dans notre sujet d'examiner les différentes et nombreuses ordonnances qui ont été rendues sur cette matière, ni les diverses classes de fonctionnaires, entrepre-
neurs, gérants d'écrits périodiques qui sont assujétis
au cautionnement, ni les règles qui président à la fixation de la quotité de ces cautionnements : nous ne devons nous occuper ici que du privilége attribué au
trésor sur les cautionnements des comptables, et de
celui qu'il exerce dans certains cas sur ceux des officiers ministériels.

La même loi du 5 septembre 1807, que nous venons
d'examiner, nous renvoie [1] aux lois existantes pour le
privilége du trésor public sur les fonds de cautionne-

---

1. Loi du 5 septembre 1807, art. 3.

ment des comptables. Il résulte de ces lois [1] que les
cautionnements des comptables publics, ainsi que ceux
des officiers ministériels, préposés des administrations,
sont affectés en premier ordre à un privilége au profit
des personnes lésées par les fonctionnaires par suite de
l'exercice de leurs fonctions [2] ; en deuxième ordre à un
privilége en faveur des bailleurs de fond du cautionnement ; enfin en troisième ordre, mais sans privilége,
viennent les créanciers ordinaires.

Le versement du cautionnement est exigé avant l'entrée en fonctions, et doit être justifié par la présenta-
tion de la quittance. Mais il y a une distinction à
établir entre les cautionnements des comptables,
c'est-à-dire de ceux qui sont chargés du maniement des
deniers publics et des communes et hospices, et ceux
des officiers ministériels, tels que notaires, avoués, gref-
fiers, huissiers, agents de change, etc. Les premiers sont
principalement établis dans l'intérêt de l'État, car il
n'arrivera que rarement que des particuliers se trouve
ront lésés par ces fonctionnaires ; les deuxièmes sont
établis en vue des particuliers obligés de recourir à
leur ministère ; l'État considéré comme État n'est nullement intéressé à l'établissement du cautionnement
fourni par ces derniers, et il n'a de privilége sur ces
cautionnements que s'il a recours comme partie privée
au ministère de ces officiers.

1. Les principales lois sur cette matière, tant pour les comptables que pour les officiers ministériels sont : les lois du 15 germinal an IV, 21 ventôse an VII, 25 ventôse an IX, 25 nivôse
an XIII, et la loi additionnelle du 6 ventôse an XIII, spécialement applicable aux comptables.
2. Code Napoléon, art. 2102, n° 7.

Cette distinction posée, occupons-nous d'abord du privilége sur le cautionnement des officiers ministériels. Le principe de ce privilége a été introduit en considération de la foi publique. En effet, ces fonctionnaires ont le monopole de certaines opérations et doivent forcément être employés par les particuliers qui sont ainsi contraints par la loi de se confier à des personnes qu'ils peuvent ne pas connaître[1]. Pour que cette confiance ne risque pas d'être trahie, les lois imposent à ces fonctionnaires l'obligation de déposer un cautionnement, c'est-à-dire de verser dans la caisse de l'État des valeurs destinées à indemniser ceux qui, par leur fait, auraient éprouvé quelque dommage. Le cautionnement est une espèce de gage remis aux mains du trésor public qui représente ici le tiers investi de la possession et de la garde du gage[2]. Ce gage consiste en général en numéraire, et non-seulement le capital versé, mais encore les intérêts dûs par le trésor au fonctionnaire sont affectés à garantir les créances résultant des abus et prévarications dont celui-ci s'est rendu coupable.

Si l'on avait suivi les principes ordinaires, les fonds versés dans les caisses publiques y seraient restés en dépôt, comme doit rester la chose sur laquelle un gage est constitué[3] ; mais une immense quantité de capitaux aurait été ainsi retirée de la circulation et serait restée

1. La loi 24, § 2 D. de reb. auc. s'exprimait déjà sur ce point en termes exprès : in bonis mensularii vendendis, potiorem eorum causam esse placuit qui pecunias apud mensam fidem publicam secuti deposuerunt.

2. Code Napoléon, art. 2076.

3. Code Napoléon, art. 2079.

improductive ; on préféra donc décider que le trésor, présumé toujours solvable, emploierait les fonds des cautionnements, moyennant un intérêt payé au déposant et dont le taux a souvent varié.

Les cautionnements, avons-nous dit, sont soumis par premier privilége aux personnes lésées par les titulaires d'offices ministériels, par suite de l'exercice de leurs fonctions. Ainsi, toutes les fois qu'il y a prévarication ou abus dans l'exercice obligé des fonctions, le fait donne ouverture au privilége du premier ordre sur le cautionnement; mais il faut que la prévarication soit une suite nécessaire de l'emploi du titulaire. Ainsi, si un fonctionnaire a fait pour une personne une opération pour laquelle son ministère n'était pas requis, il n'est que simple mandataire, et les créances résultant de fautes ou prévarications qu'il aurait commises en dehors de ses fonctions, ne sont pas garanties par notre privilégé. Sans cette restriction, le grand nombre de cas auxquels le privilége s'appliquerait, le rendrait illusoire, et il n'existerait plus pour les créances auxquelles la loi a voulu l'assurer, c'est-à-dire celles qui ont pour cause un acte obligé de la fonction.

On ne doit pas considérer comme créances résultant de faits de charge les condamnations qui prononcent des amendes au profit du fisc contre les titulaires de cautionnement; c'est ainsi que la Cour de cassation, par un arrêt du 7 mars 1816, a jugé que le trésor, créancier d'un agent de change pour amendes prononcées par le tribunal correctionnel, n'avait pas de privilége sur son cautionnement, et l'article 2202 contient une application du même principe aux amendes encourues par les conservateurs des hypothèques. Cepen-

dant l'art. 33 de la loi du 25 ventôse an XI affectant
spécialement le cautionnement des notaires à la garantie
des condamnations qui peuvent être prononcées contre
eux par suite de l'exercice de leurs fonctions, en pré-
sence d'un texte aussi formel et vu la généralité du
mot condamnation ; il n'est pas possible, disent certains
auteurs, au moins quant aux notaires, de ne pas accorder de privilége aux amendes ; mais, ajoutent-ils,
la régie ne pourra exercer son privilége sur le cautionnement pour le recouvrement de l'amende, que lorsque
tous les créanciers pour faits de charge auront été
désintéressés.

Ajoutons que le cautionnement à fournir par les gérants des journaux et écrits périodiques est affecté par
privilége aux dépens, dommages intérêts et amendes
auxquels ils pourraient être condamnés.

Dans le cas où l'État se présenterait avec d'autres
créanciers également pour faits de charge, ils devraient
être payés tous au marc le franc, sans que l'État puisse
prétendre exercer son privilége sur le cautionnement
par préférence aux autres créanciers; mais la position
de l'État est cependant toujours plus avantageuse ; car,
tandis que les autres créanciers n'ont qu'un recours
ordinaire et non privilégié sur les biens meubles des
comptables qui ne sont pas affectés au cautionnement,
le trésor, en vertu de l'art. 2 de la loi du 5 septembre
1807, prime tous les autres créanciers qui ne pourront
commencer à exercer leur recours, au marc le franc,
sur ces biens que lorsque le trésor se trouvera entière-
ment payé. Le trésor jouirait d'un avantage analogue
sur les particuliers, dans le cas où le cautionnement
serait fourni en immeubles, en vertu du privilége ou

de l'hypothèque légale que la loi lui accorde selon les circonstances.

Revenons aux comptables. — Le cautionnement d'un comptable peut, aux termes de l'ordonnance du 25 juin 1835, servir de garantie pour tous les faits résultant des diverses gestions successives dont il peut être chargé par la même administration. Dans ce cas, les créanciers pour faits de charge remontant aux gestions antérieures devraient subir la loi de la concurrence, et ne pourraient obtenir aucune préférence sur des créanciers moins anciens, préférence qui n'est écrite nulle part. Les créanciers pour les faits de charge les plus anciens ne pourraient prétendre que ceux qui ne sont créanciers que pour les faits applicables à la gestion la plus récente doivent être repoussés par le motif que le cautionnement était dans l'origine leur gage spécial et exclusif; car, en changeant de fonctions, le titulaire a pu transférer son cautionnement à la garantie de sa nouvelle gestion, à moins d'opposition formée à cette époque. Mais d'un autre côté, ce changement de position n'a point privé de leur privilége les créanciers de la première gestion, car l'ordonnance du 25 juin 1835 n'autorise l'affectation du même cautionnement à plusieurs gestions successives qu'à la condition de rester affecté à la garantie de tous les faits résultant de la gestion du titulaire. Quant au supplément de cautionnement fourni, s'il y a lieu, par le comptable pour exercer une des gestions subséquentes, il doit être réservé exclusivement aux créanciers pour faits de charge commis pendant la gestion à laquelle il appartient.

Mais quand les cautionnements consistent en immeubles, comme les priviléges ne produisent d'effet à l'égard des immeubles qu'autant qu'ils sont inscrits sur les registres du conservateur, il en résulte que l'inscription la plus anciennement prise en vertu de jugement prononçant condamnation pour fait de charge, vaudra au profit de celui qui l'aura requise un rang de préférence à tous les autres créanciers pour faits de charge inscrits postérieurement.

Les cautionnements en immeubles et en rentes sur l'État sont supprimés depuis la loi de finances du 28 avril 1816 qui exige que la totalité des cautionnements soit fournie en numéraire.

Nulle règle n'est établie pour la conservation du privilége; il n'est soumis à aucune prescription : il subsiste tant que la dette n'est pas éteinte. Lors de la cessation de l'emploi, il est pris des mesures pour avertir les créanciers à qui il peut être dû un privilége pour faits de charge. La loi du 25 nivôse an XIII indique les formalités à remplir par ces derniers relativement à l'opposition tendant à empêcher que le titulaire ne retire à leur préjudice les fonds de cautionnement. Cette opposition est signifiée soit au trésor, soit au greffe des tribunaux dans le ressort desquels les titulaires exercent leurs fonctions ; mais il n'y a que les oppositions faites au trésor qui arrêtent le paiement des intérêts. Ces oppositions doivent être renouvelées tous les cinq ans, et énoncer la créance pour laquelle elles sont faites.

Nous ne nous occuperons pas, comme sortant de notre cadre, des formalités que la loi du 2 ventôse an XIII et l'ordonnance du 22 mai 1825 ont prescrites aux comptables qui cessent leurs fonctions pour obtenir le remboursement de leur cautionnement.

Il est inutile de faire remarquer qu'en cas d'insuffisance du cautionnement à solder toutes les dettes privilégiées pour faits de charge, les créanciers ont le droit d'exercer leur recours, mais un recours non privilégié, sur les autres biens du comptable.

§ III. *Priviléges du trésor de la couronne sur les* BIENS *et les* CAUTIONNÊMENTS *de ses comptables.*

Les priviléges du trésor public sur les meubles, immeubles et cautionnements de ses comptables, ont été étendus au trésor de la couronne par un avis du conseil d'État du 25 février 1808.

Cette décison est fondée sur ce que les dépenses nécessaires pour la représentation de la souveraineté sont des dépenses publiques, toujours à la charge du trésor, soit directement, soit indirectement; qu'ainsi le trésor de la couronne n'est à proprement parler qu'une fraction du trésor public, et que si l'art. 2098 n'en parle pas, c'est qu'à l'époque de sa rédaction la liste civile n'était pas encore formée, et que le trésor public acquittait directement les charges qui sont aujourd'hui supportées par la liste civile; qu'enfin la séparation survenue entre le trésor public et celui de la couronne n'a pu altérer le privilége d'une portion du trésor public que la loi du 5 septembre 1807 considérait dans son intégrité.

Déjà en Droit romain nous trouvons une loi analogue en vertu de laquelle les priviléges qui appartenaient au fisc appartenaient aussi au trésor de César et à celui de l'impératrice[1].

1. L. 6, § 1 D. de jure fisci.

CHAPITRE II.

Priviléges du trésor public pour le recouvrement des frais de justice en matière répressive.

Les droits du trésor pour le recouvrement des frais de justice en matière répressive avaient été fixés par la déclaration du 16 août 1707, qui a subsisté jusqu'en 1791, époque où furent supprimées les amendes dites arbitraires. En effet, dans l'origine, en vertu de la maxime *fiscus gratis semper laborat*, les comptables n'étaient jamais condamnés aux frais de leurs procès criminels, mais on leur infligeait une amende arbitraire qui en tenait lieu et dont le recouvrement était assuré par un privilége sur leurs meubles et une hypothèque sur leurs immeubles. A la suite de la suppression de ces amendes, tous les frais furent laissés, pendant quelque temps, à la charge du trésor, sans aucun moyen de remboursement ou d'indemnité. La loi du 18 germinal an VII vint au secours du trésor, en statuant que tout jugement d'un tribunal répressif portant condamnation à une peine quelconque prononcerait en même temps au profit du trésor public le remboursement des frais auxquels la poursuite et la punition des crimes auraient donné lieu, en réservant néanmoins la préférence à ceux qui auraient souffert du dommage résultant du délit[1]. Cette prérogative de la partie civile fut bientôt

1. Non possunt ulla bona ad fiscum pertinere, nisi quæ creditoribus superfutura : id enim bonorum cujusque intelligitur quod ære alieno super est. (L. 11 Dig. de jure fisci.)

détruite par la loi du 5 pluviôse an XIII, qui statue qu'en matière correctionnelle ceux qui se porteraient partie civile seraient chargés personnellement des frais de poursuite ; qu'en matière criminelle, les frais seraient avancés par le trésor public, mais que ceux qui se constitueraient partie civile seraient personnellement tenus de rembourser les frais au trésor, sauf leur recours contre le condamné. Enfin l'art. 368 du Code d'instruction criminelle statue que dans les affaires soumises au jury l'accusé ou la partie civile sera condamné aux frais envers l'État et envers l'autre partie, mais que la partie civile qui n'aura pas succombé ne sera jamais tenue des frais, et que dans le cas où elle en aurait consignés en exécution du décret du 18 juin 1811, ils lui seront restitués.

Voilà donc les droits du trésor fixés, quand il se trouve en concours avec la partie civile : une seconde loi, du 5 septembre 1807, que nous allons examiner, détermine son rang de collocation à l'égard des autres créanciers du condamné.

L'art. 2 de cette loi donne au trésor un privilége général sur les meubles du condamné, mais il ne peut s'exercer qu'après les priviléges des art. 2101 et 2102, c'est-à-dire après tous les priviléges généraux sur les meubles et tous les priviléges sur certains meubles ; de plus, pour que le défaut de moyens ne gêne pas l'accusé dans le choix qu'il voudrait faire d'un défenseur, les sommes dues pour la défense personnelle du condamné doivent être préférées. Si l'administration élève des contestations sur la fixation de ces sommes, elles doivent être réglées d'après la nature de l'affaire par le tribunal qui aura prononcé la condamnation.

Cette préférence accordée aux sommes dues pour la défense du condamné a fait naître la question de savoir si ces sommes sont privilégiées non-seulement à l'égard du trésor, mais encore à l'égard des créanciers qui ne viennent qu'après lui, ou si elles ne le sont qu'à l'égard du trésor seul. MM. Tarrible et Troplong soutiennent que la loi accorde bien au défenseur de l'accusé pour ses frais une préférence sur le trésor public, mais qu'elle ne lui en accorde aucune sur les autres créanciers, soit privilégiés, soit cédulaires. Ainsi, s'il y a concours et insuffisance dans la distribution du prix des meubles entre les créanciers privilégiés, le trésor public, le défenseur de l'accusé et les créanciers cédulaires, les créanciers privilégiés seront colloqués les premiers : le trésor public sera colloqué le second, mais il devra céder son droit au défenseur jusqu'à concurrence du montant de la taxe, et le trésor public, pour le recouvrement de cette part cédée, devra concourir au marc de franc avec tous les autres créanciers cédulaires. Malgré l'autorité des noms que nous venons de citer, l'opinion contraire nous semble préférable. En effet, la loi accorde au trésor un privilége en vertu duquel il prime tous les créanciers chyrographaires : elle ajoute qu'il ne sera payé qu'après le défenseur du condamné. Or, dire qu'une créance qui est privilégiée sera primée par une autre créance, n'est-ce pas dire de la manière la plus formelle, quoiqu'implicitement, que cette dernière créance est elle-même privilégiée [1], et qu'ainsi elle l'emporte sur toute créance qui n'est que chyrographaire. La même chose a lieu dans l'art. 2102, n° 1. Après avoir accordé sur les fruits

1. Si vinco vincentem te, a fortiori te vincam.

de la récolte de l'année un privilége au propriétaire pour la garantie de ses fermages, la loi ajoute : néanmoins les sommes dues pour les semences ou pour les frais de récolte de l'année sont payées sur le prix de la récolte par préférence au propriétaire. Aucun privilége n'est accordé directement aux vendeurs de semences et aux moissonneurs, et cependant personne n'a songé à le leur contester.

Si les meubles ne suffisent pas, le trésor peut exercer un recours subsidiaire sur tous les immeubles du condamné, mais seulement après les priviléges et droits suivants :

1º Les priviléges de l'art. 2101, dans le cas prévu par l'art. 2105.

2º Les priviléges de l'art. 2103.

3º Les hypothèques légales dispensées d'inscription, pourvu qu'elles soient antérieures au mandat d'arrêt, dans le cas où il en aurait été décerné, ou sinon, au jugement de condamnation.

4º Les autres hypothèques inscrites avant le privilége du trésor, et résultant d'actes ayant date certaine antérieure auxdits mandats d'arrêt ou jugement de condamnation.

5º Les sommes dues pour la défense personnelle du condamné, sauf règlement s'il y a lieu.

Ce privilége se réduit donc à faire remonter le droit du fisc au jour du mandat d'arrêt ou au jour de la condamnation, s'il n'y a pas eu de mandat d'arrêt, et à primer les hypothèques dont la cause, ayant date certaine, se trouve postérieure à ces deux époques. Ainsi, indépendamment de tous les priviléges établis par le Code Napoléon, la loi accorde encore la préférence à toutes

les hypothèques résultant d'actes ayant date certaine,
pourvu que cette date soit antérieure au mandat d'arrêt
ou au jugement de condamnation, car sans cette restriction il eût été facile au condamné de se créer des
créanciers supposés et d'anéantir ainsi les droits du
trésor. Mais le privilége du fisc s'exerce au préjudice
des créanciers chyrographaires antérieurs à la condamnation. Cela résulte du sens que nous avons donné à la
deuxième partie de l'art. 2098 ; dire que le trésor public ne peut avoir de privilége au préjudice des droits
acquis avant la condamnation, c'est détruire la préférence que la loi a voulu lui accorder, c'est lui retran-
cher son privilége. Cette disposition ne peut, du reste,
porter aucun préjudice aux tiers de bonne foi, car il
est à supposer qu'ils ne traiteront pas légèrement avec
un individu qui se trouve sous le poids d'une condamnation ou même d'un simple mandat d'arrêt.

Ce privilége est soumis à l'inscription dans les deux
mois du jugement ; faute de remplir cette formalité, il
dégénère en une simple hypothèque, aux termes de
l'art. 2113 du Code Napoléon.

On voit, d'après ce qui vient d'être dit, qu'il frappe
sur les immeubles aliénés depuis le mandat d'arrêt ou
depuis le jugement, dans le cas où il n'a pas été décerné de mandat d'arrêt ; mais si l'acquéreur transcrit
quinze jours avant le jugement de condamnation, le
trésor ne pouvant prendre inscription dans la quinzaine de la transcription, conformément à l'art. 834
du Code de procédure, puisque le jugement n'est pas
rendu, perdait son droit de suite. Quelques auteurs
raisonnant par analogie et attribuant au trésor le droit
que l'art. 834 du Code de procédure cbn. 2109, C. N.

accorde au copartageant, prétendaient qu'en prenant inscription dans les deux mois du jugement, le trésor, quoique privé du droit de suite sur l'immeuble, conservait son rang sur le prix. Cependant rien dans la loi de 1807 n'autorise cette extension que condame la maxime *inclusio unius est exclusio alterius*, et les arguments d'analogie ne doivent être admis qu'avec une extrême réserve, lorsqu'il s'agit de priviléges, matière de droit étroit. L'abrogation de l'art. 834 du Code de procédure, par la loi du 23 mars 1855, ne modifie l'état de la question qu'en ce que le délai accordé au copartageant n'est plus que de quarante-cinq jours au lieu de soixante, et qu'une fois que l'acquéreur a transcrit, le trésor ne peut plus prendre inscription et perd conséquemment son droit de suite.

Remarquons cependant que dans le cas d'aliénation entre le mandat d'arrêt et le jugement de condamnation, et de transcription avant ce jugement, le trésor public peut, comme tous les autres créanciers, provoquer la nullité des aliénations simulées ou qui seraient faites en fraude de ses droits. C'est là une règle de droit commun qui trouve ici naturellement son application, quoiqu'il n'y ait aucune disposition spéciale dans la loi. Remarquons encore qu'il y a, à cet égard, une différence à faire entre les aliénations à titre onéreux et les dispositions à titre gratuit. Celles-ci sont plus facilement révoquées que les autres : il suffit, en effet, de prouver la fraude de la part de celui qui a disposé, tandis que, pour les aliénations à titres onéreux, il faut encore prouver la participation de l'acquéreur à cette fraude. La présomption de fraude acquiert une nouvelle force quand la donation est faite par les père ou mère à leurs enfants, car sans cette donation les enfants n'auraient eu ces biens qu'à titre héréditaire, et par conséquent grevés du privilége du trésor [1].

De même que les priviléges énumérés en l'art. 2101 du Code Napoléon, de même que les priviléges du trésor sur les biens des comptables, ceux pour le recouvrement des frais de justice criminelle ne s'exercent que discussion préalablement faite du mobilier. On a cependant essayé de soutenir que le recours que le trésor peut exercer sur les immeubles du condamné n'est pas seulement subsidiaire, mais qu'il peut s'exercer même avant la discussion préalable du mobilier. En effet, disent les partisans de ce système, la loi de 1807 n'exige pas la discussion préalable du mobilier : ceux donc qui prétendent que le recours sur les immeubles n'est que subsidiaire, sont obligés de recourir à l'art. 2105 du Code Napoléon. Or, il résulte de la combinaison des art. 2104 et 2105 que la règle posée par l'art. 2105 n'est relative qu'aux priviléges de l'art. 2101 et ne doit pas être considérée comme une règle générale s'étendant à tous les priviléges indistinctement. D'ailleurs, l'art. 2098 renvoie, pour les priviléges du trésor, à des lois spéciales et non à l'art. 2105. Ce sont donc ces lois spéciales et non l'art. 2105 qu'il faut consulter, et rien dans ces lois n'indique que le recours du trésor sur les immeubles ne soit que subsidiaire. Sous l'empire de la loi de brumaire an VII, qui était encore en vigueur à l'époque de la rédaction du Code Napoléon, le trésor n'avait pas de privilége sur les meubles, et son droit sur les immeubles se réduisait

1. Lettre du grand-juge, 19 mars 1808.

à une simple hypothèque ; il n'a donc pu être dans la pensée des rédacteurs de l'art. 2105 de comprendre dans sa disposition non-seulement les priviléges de l'art. 2101, mais encore celui du trésor qui n'existait pas. D'ailleurs, que dit le droit commun? Quiconque s'est obligé personnellement est tenu de son engagement sur ses biens mobiliers et immobiliers présents et à venir, et ses biens sont le gage commun de ses créanciers[1]. Il suit de là que chaque créancier a un droit égal sur les meubles et les immeubles et une action qu'il peut à volonté exercer sur les uns et les autres. On voit, en effet, par l'art. 2206, que la discussion préalable du mobilier n'est exigée qu'à l'égard et en faveur du mineur et de l'interdit. En créant un privilége, le législateur peut sans doute le soumettre à quelques règles exceptionnelles, mais, s'il ne le fait pas, on reste sous l'empire du droit commun.

Voilà sans doute d'excellentes raisons en faveur de ce système, mais l'opinion contraire n'en a pas moins prévalu. En effet, dans la rédaction primitive de l'art. 2104, le privilége du trésor était énuméré au nombre des priviléges généraux qui s'étendent sur les meubles et sur les immeubles : ce privilége était donc soumis à la règle de l'art. 2105, et la question qui nous occupe ne se serait pas présentée si la rédaction primitive avait été maintenue. Lors de la rédaction définitive, on en a retranché le privilége du trésor; mais cette suppression n'a pas été faite dans la vue de soustraire ce privilége à l'application de la règle posée par l'art. 2105 mais uniquement parce qu'il devait faire l'objet de lois

1. Art. 2092 et 2093 du Code Napoléon.

spéciales, et la loi de 1807, qui a été rendue dans la suite, se lie à l'art. 2105 comme s'y lie l'art. 2104. Quant à l'argument que l'on tire de la combinaison des art. 2092 et 2093 avec l'art. 2206, il ne nous paraît pas plus concluant. En effet, ces articles ne disposent que pour le cas où il n'y a pas de cause de préférence entre les créanciers ; mais lorsqu'il y a un privilége qui assure à un créancier une condition particulière, et que ce privilége s'étend sur les meubles et sur les immeubles, c'est l'art. 2105 que forme le droit commun. Ce principe est, d'ailleurs, conforme à la faveur dont nos lois ont de tout temps entouré la propriété immobilière. En général, lorsqu'on a deux priviléges pour une même dette, on doit discuter d'abord celui qui préjudicie le moins au débiteur et aux autres créanciers, et d'ailleurs, dans le cas où l'expropriation des immeubles du condamné serait poursuivie avant que le trésor n'ait discuté les meubles, il pourrait en suspendre l'adjudication ou se faire colloquer provisoirement sur le prix. Il faut même admettre que l'État créancier des frais de justice ne peut exercer son privilége sur le prix des immeubles, lorsque, pouvant être payé sur celui des meubles, il ne s'est pas présenté pour en requérir la collocation ; car, lui accorder cette faculté, ce serait permettre au trésor de favoriser les créanciers chyrographaires au détriment des créanciers hypothécaires.

Comme tout est de droit étroit en matière de priviléges, et que la loi du 5 septembre 1807 ne parle que des frais, il faut en conclure que le privilége du trésor ne s'étend point aux amendes prononcées contre le condamné. En effet, les amendes constituent de véri-

tables peines, tandis que les frais sont des créances
n'ayant aucun caractère pénal. Telle est l'interprétation
qui a été donnée par le ministre de la justice dans une
lettre du 19 mars 1808. Un arrêt de la Cour de cassation du 7 mai 1816, que nous avons déjà cité, a même
décidé que la partie lésée par le crime ou le délit qui
a donné lieu à la condamnation, devait être désinté-
ressée avant le paiement de l'amende, *nam certat de
damno vitando*, et le trésor *certat de lucro captando*[1].

Mais la créance du trésor résultant d'un jugement
se trouve garantie par une hypothèque légale dont le
principe se trouve dans l'art. 2123. Si le trésor néglige
de faire inscrire cette hypothèque, il viendra au marc
le franc avec les autres créanciers chyrographaires.

CHAPITRE III.

Priviléges du trésor public pour le recouvrement des contributions directes.

On comprend sans peine l'importance pour un État
de la régulière perception de l'impôt destiné à subve-
nir aux nombreuses dépenses d'intérêt général qu'une
civilisation avancée rend indispensables. Il était donc
nécessaire de l'assurer par un privilége.

C'est ce qu'avait fait la loi du 11 brumaire an VII,

---

1. Il en était de même en Droit romain ; fiscalium pœnarum
petitio creditoribus post ponitur. (L. 17. Dig. de jure fisci.) —
Rem suam persequentibus pœnæ exactio postponitur. (L. un.
C. Pœn. fisc.)

qui accordait au fisc un privilége sur les immeubles des
redevables pour une année échue et l'année courante
de la contribution foncière : ce privilége était dispensé
de l'inscription. On avait proposé de répéter la même
disposition dans le Code Napoléon, mais le conseil d'État
préféra le parti de séparer les priviléges appartenant
au trésor public de ceux qui ne regardent que les particuliers, et de les comprendre dans la disposition générale qui déclare que le privilége, à raison des droits
du trésor public, est réglé par les lois qui le concernent :
d'où suit cette conséquence que la loi de brumaire an
VII, qui était seule en vigueur relativement à la contribution foncière, a dû encore être observée à cet égard
jusqu'à la promulgation de celle du 12 novembre 1808,
qui n'est pas seulement applicable à la contribution
foncière, comme la loi de brumaire an VII, mais encore
aux contributions mobilière, des portes et fenêtres et
des patentes.

L'art. 1er de cette loi sépare les contributions directes en deux classes : la première comprend la contribution foncière, la deuxième les contributions mobilière, des portes et fenêtres et des patentes. Pour la
contribution foncière de l'année échue et de l'année
courante, le privilége du trésor n'existe que sur les
fruits, revenus, fermages ou loyers des immeubles su-
jets à la contribution, tandis que, pour le même laps
de temps des contributions mobilière, des portes et fenêtres, des patentes et de toute autre contribution directe et personnelle, il frappe sur tous les biens mobiliers du redevable, en quelque lieu qu'ils se trouvent.

Quelle que soit la nature de la contribution due, le
privilége n'a jamais lieu que pour l'année échue et

l'année courante : la loi n'a pas voulu, par sa trop longue durée, entraver les transactions. Ainsi, s'il était dû par un contribuable trois années d'impôts, y compris l'année courante, le trésor n'aurait pour la première année que les droits d'un créancier ordinaire. L'année courante ne doit s'entendre que de l'année pour laquelle l'impôt a été établi : ainsi le percepteur, à qui il serait dû les impositions des six premiers mois de l'année courante, de toute l'année échue et des six derniers mois de l'année précédente, ne pourrait exercer son privilége que pour les dix-huit derniers mois, et n'aurait, pour ce qui est dû sur l'avant-dernière année, que les droits d'un créancier ordinaire.

On voit que le privilége pour la contribution foncière est un privilége spécial sur certains meubles, tandis que celui des contributions mobilière, des portes et fenêtres et des patentes est un privilége général sur les meubles : le premier n'existe sur les fruits d'un immeuble que pour la cote foncière afférente à cet immeuble et non pas pour toutes les cotes foncières portées au nom du propriétaire ; le second s'exerce même sur les meubles qui ne garnissent pas l'appartement pour lequel la contribution donne lieu à des poursuites, pourvu qu'ils appartiennent au redevable ; car le trésor n'aurait aucun droit sur des meubles qui, bien que se trouvant entre les mains du redevable, seraient prouvés appartenir à des tiers. Dans ce cas particulier, le propriétaire locateur a, pour le paiement de ses loyers, sur les objets qui, sans appartenir au locataire ou fermier, auraient été apportés dans la maison louée ou la ferme, un privilége qui n'appartient pas au trésor, bien que celui-ci, quand les effets garnissant la maison sont la propriété du locataire, ait sur eux, pour le paiement des contributions directes, un privilége préférable à celui du propriétaire pour ses loyers.

Une remarque importante à faire, c'est que le privilége ne s'exerce jamais sur les immeubles eux-mêmes : s'ils sont vendus, le trésor ne viendra sur le prix que comme un créancier ordinaire, obligé de venir par concurrence. Sous l'empire de la loi de brumaire an VII, il en était autrement : la contribution foncière avait un privilége sur l'immeuble lui-même. C'est un changement notable qui a été introduit par la présente loi. Un des principaux motifs de ce changement est, d'après le discours de l'orateur du gouvernement, que les biens que nous possédons n'appartiennent point à l'État, auquel nous ne devons qu'une portion de leur revenu pour nous assurer la jouissance du reste; d'où il résulte que le trésor public, ne pouvant prétendre pour la contribution foncière qu'à une portion des fruits de la terre, ne doit exercer un privilége que sur ces mêmes fruits, et que ce privilége ne doit pas atteindre les immeubles.

Du reste, ce privilége sur les fruits est absolu et passe avant tout autre. Il en est de même du privilége pour le recouvrement de l'année échue et de l'année courante des contributions mobilière, des portes et fenêtres et des patentes sur les meubles; cela résulte de ces termes de la loi *et s'exerce avant tout autre.* Cependant, malgré la généralité de ces expressions, il est une créance qui passe avant celle du trésor, ce sont les frais de justice ; car avant que le prix de la chose qui est le gage commun puisse être distribué, il faut qu'elle ait été conservée et liquidée, ce qui occasionne des frais

dont personne ne voudrait faire l'avance si le prélève-
ment n'en était assuré. Nous voyons faire ce prélève-
ment dans l'art. 657 du Code de procédure, d'après
lequel l'officier qui a procédé à une vente de meubles
et d'effets n'est tenu de consigner le prix de cette vente
que déduction faite de ses frais. L'exception n'a lieu
que pour ce seul privilége; tous les autres, même les
frais funéraires et de dernière maladie, sont primés par
celui du trésor.

Cette préférence donnée au trésor même sur les
frais funéraires et de dernière maladie peut paraître
exorbitante au premier abord; mais si l'on considère
l'impôt comme la représentation de frais faits pour la
conservation de la chose, cette mesure s'explique par
la préférence que l'on accorde toujours à cette dernière
créance.

Quelques auteurs, s'appuyant sur la combinaison des
art. 2073 et 2098, veulent que le créancier nanti d'un
gage régulier antérieur à la detté du contribuable envers le trésor ait la préférence ; mais cette doctrine est
contraire à l'interprétation que nous avons donnée de
l'art. 2098. Nous avons dit, en effet, que le trésor ne
peut obtenir de préférence au préjudice des droits acquis aux tiers avant les lois qui ont organisé le privilége
du fisc. Mais du moment que ces droits ont pris naissance
postérieurement aux lois précitées, ils sont primés par
les droits même plus récents du trésor. Nous n'accor-
derons donc la préférence au créancier gagiste que
lorsque son droit remontera à une époque antérieure
au 12 novembre 1808.

Tous dépositaires et débiteurs de deniers provenant
du chef des redevables et affectés au privilége du trésor

public, seront tenus, sur la demande qui leur en sera faite, de payer en l'acquit des redevables et sur le montant des fonds qu'ils doivent ou qui sont entre leurs mains, jusqu'à concurrence du montant des contributions dues par ces derniers, et cela même dans le cas où le défenseur serait déjà atteint d'une saisie-arrêt de la part du tiers créancier.

Du reste, ce privilége du trésor ne préjudicie point aux autres droits qu'il pourrait exercer sur les biens des redevables, comme tout autre créancier, et en se conformant aux règles du droit commun.

Lorsque, dans le cas de saisie mobilière pour le paiement des contributions, il s'élèvera une demande en revendication de tout ou partie desdits meubles et effets, elle ne pourra être portée devant les tribunaux ordinaires qu'après avoir été soumise par l'une des parties intéressées à l'autorité administrative, conformément à la loi du 5 novembre 1790. Et aux termes de l'art. 15 du titre III de cette loi, si l'autorité administrative ne statue pas dans le mois, le demandeur peut se pourvoir devant les tribunaux ordinaires. Comme la loi n'établit ici en faveur du trésor aucune présomption semblable à celle de la loi du 5 septembre 1807, à l'égard des femmes des comptables pour les meubles trouvés dans les maisons d'habitation de leur mari, la maxime *onus probandi incumbit actori* suivra son cours, et le trésor devra prouver que les objets saisis appartiennent bien au contribuable son débiteur.

Il peut arriver que le privilége pour le recouvrement des contributions directes se trouve en concurrence avec lui-même, par exemple, dans le cas où un contribuable, débiteur d'une année de contribution person-

nelle ayant quitté la commune où il résidait et étant
devenu dans une autre débiteur de la contribution de
l'année courante, la vente de ses effets, pratiquée pour
obtenir le paiement des deux cotes dues, ne produit
pas une somme suffisante pour les acquitter. Dans cette
hypothèse, le percepteur de l'ancienne et celui de la
nouvelle résidence doivent être concurremment colloqués, déduction faite des frais de poursuite, chacun au
prorata de la cote dont il poursuit le recouvrement, conformément à l'art. 2097 du Code Napoléon.

CHAPITRE IV.

Privilége du trésor public pour le recouvrement des droits de douane.

Ce privilége résulte de la loi des 6 - 22 août 1791.
Il s'étend sur tous les meubles et effets mobiliers des
comptables pour leurs débets et sur ceux des redevables pour leurs droits, mais il ne passe qu'après les frais
de justice et autres privilégiés et ce qui est dû pour six
mois de loyer seulement, et sauf aussi la revendication
formée par le propriétaire des marchandises en nature
qui seront encore sous balle et sous corde. Ainsi le bailleur est le seul qui ne soit pas préféré pour l'intégra-
lité de la créance privilégiée de l'art. 2102.

Pareil privilége s'exerce sur les immeubles acquis
par les comptables depuis le commencement de leur
gestion.

8

Une autre loi du 4 germinal an II dit que la république est préférée à tous créanciers pour droits, confiscations, amendes et restitutions ; mais cette loi n'est qu'une loi confirmative de la première et n'a pas eu pour but d'abroger ses dispositions, mais de les étendre aux confiscations, amendes et restitutions, en y ajoutant la contrainte par corps : il faut donc admettre au principe général posé par la loi de germinal an II les exceptions établies par la loi de 1791.

Il s'était élevé quelques doutes sur l'application de ces lois : on prétendait que la loi de brumaire an VII, qui se bornait à accorder une hypothèque légale à la nation sur les biens de ses comptables, avait aboli le privilége de la douane comme tous ceux dont le trésor jouissait alors ; que toutes les fois que le législateur avait voulu rendre au trésor un des priviléges existant antérieurement, il l'avait fait par une loi formelle, et que l'administration des douanes ne pouvait invoquer à l'appui de ses prétentions aucune loi de cette nature ; mais la Cour de cassation a toujours combattu ce système, et toute incertitude a cessé à cet égard depuis les lois de finances de 1814 et de 1816.

On a essayé de soutenir également que le privilége de la douane devait être restreint aux seules marchandises passibles de l'impôt ; mais ce système tombe de lui-même devant la généralité des termes de la loi qui, en affectant au privilége de la douane les meubles et effets mobiliers des redevables, embrasse nécessairement et les objets pour lesquels des droits sont dus à la régie, et ceux pour lesquels elle n'a rien à percevoir. Ainsi les marchandises déposées en entrepôt sont affectées par privilége et par droit de rétention au profit de la régie des douanes pour tout ce qui lui est dû, non-seulement sur les marchandises, mais encore personnellement par le commerçant qui les a déposées ; et la douane a le droit de retenir les marchandises malgré la réclamation du propriétaire véritable, jusqu'à ce qu'elle soit payée non-seulement des droits à percevoir sur le prix de ces marchandises, mais encore des autres dettes personnelles au consignataire.

Quant à ces expressions de la loi de 1791 *et autres privilégiées*, elles désignent les créances de l'art. 2101, qui étaient déjà privilégiées sous l'ancienne jurisprudence.

Le privilége de la douane est donc primé :

1° Par les frais de justice.

2° Par le privilége des contributions directes qui, aux termes de la loi du 5 novembre 1808, s'exerce avant tout autre, sauf les frais de justice.

3° Par les frais funéraires ;

4° Par les frais de dernière maladie ;

5° Par les salaires des gens de service ;

6° Par les fournitures de subsistances ;

7° Par les loyers pour six mois ;

8° Par la revendication formée par le propriétaire des marchandises en nature qui sont encore sous balle et sous corde.

Quelques auteurs ont voulu étendre ces mots *et autres privilégiés* aux priviléges énumérés dans l'art. 191 du Code de commerce, mais cette doctrine n'a pas été admise par la cour suprême.

On a prétendu qu'en cas de faillite d'un redevable, l'exercice du privilége de la douane ne pouvait être arrêté par l'action en revendication du vendeur non payé formée dans les termes de l'art. 576 du Code de commerce, soit parce que la douane doit être préférée à tous créanciers, soit parce que la revendication qui lui est préférable serait la revendication civile exercée dans les termes de l'art. 2104, n° 4, et non la revendication particulière admise par l'art. 576 du Code de commerce, en cas de faillite de l'acheteur, la douane étant régie par les principes du droit civil et n'étant pas soumise aux règles spéciales du droit commercial. Mais la loi, en faisant passer l'action en revendication du vendeur non payé avant le privilége de la douane, ne distingue ni implicitement ni explicitement entre les divers cas dans lesquels peut s'exercer cette action, pourvu qu'elle soit légalement exercée. Au contraire, les expressions *marchandise sous balle et sous corde*, dont elle se sert, indiquent que la pensée du législateur s'attachait à des opérations de commerce.

CHAPITRE V.

Privilége du trésor public pour le recouvrement des contributions indirectes.

L'administration des contributions indirectes jouit d'un privilége analogue à celui de la douane, établi par le décret du 1er germinal an XIII, art. 47, mais plus avantageux en ce sens qu'il prime les autres priviléges à l'exception des frais de justice et de ce qui est dû pour six mois de loyer seulement, et sauf aussi la revendication formée par les propriétaires des marchandises encore sous balle et sous corde.

Ce privilége s'applique aux comptables pour leurs débets et aux redevables pour les droits dus par eux. Le premier de ces priviléges n'a pas été modifié par la loi du 5 septembre 1807, relative aux comptables, car cette loi a désigné spécialement ceux de ces fonctionnaires auxquels ses dispositions sont applicables.

Du principe que les meubles n'ont pas de suite, il résulte que le privilége ne peut être exercé sur un meuble qu'autant que le débiteur l'occupe par la possession; s'il l'aliène valablement, le privilége est considéré comme n'existant plus. Le Code Napoléon n'admet qu'une exception à ces principes: c'est en faveur du locateur [1]. Il autorise aussi la revendication de l'objet volé ou perdu, mais sous des conditions qui garantissent suffisamment les droits des tiers. La régie a un moyen d'empêcher toute aliénation, c'est d'occuper elle-même civilement les meubles par une saisie; jusque-là le redevable a conservé la faculté de les aliéner, et les tiers ont pu valablement les acquérir.

CHAPITRE VI.

Privilége du trésor public pour le recouvrement des droits et amendes en matière de timbre.

La loi de finances du 28 avril 1816 a consacré dans son art. 76, en faveur du trésor, pour le recouvrement des droits de timbre et des amendes de contraventions y relatives, le privilége que la loi du 12 no-

---

1. Art. 2102 du Code Napoléon.

vembre 1808 établit sur la généralité des meubles du redevable pour les contributions mobilière, des portes et fenêtres et des patentes.

CHAPITRE VII.

Observations générales.

---

§ 1ᵉʳ. *Ordre dans lequel s'exercent les priviléges du trésor public.*

Les différentes lois que nous venons d'examiner et qui établissent des priviléges en faveur du trésor public, ont toujours pris soin de fixer le rang de ces priviléges, soit qu'ils s'exercent sur les meubles, soit qu'ils s'exercent sur les immeubles. Quel que soit donc le système que l'on adopte pour le classement des priviléges en général, il sera toujours facile, si l'on se reporte au texte des lois précitées, d'intercaler ceux du trésor public à la place qui doit leur être assignée, en observant d'ailleurs, quand il y aura lieu, la règle posée par l'art. 2097, à savoir que les créanciers privilégiés qui sont dans le même rang sont payés par concurrence.

Ainsi :

1° Le privilége pour le recouvrement des contributions directes s'exerce avant tout autre, dit la loi du 12 novembre 1808, art. 1ᵉʳ. Cependant l'équité, l'intérêt commun du trésor et des autres créanciers, les art. 657 et 662 du Code de procédure, demandent que les frais de justice aient la priorité.

La loi du 28 avril 1816 a étendu ce privilége aux droits et amendes en matière de timbre : la régie des contributions directes et l'administration du timbre viendront donc au marc le franc.

2° Le privilége de la régie des contributions indirectes est, en vertu du décret du 1er germinal an XIII, préférable à tous autres, excepté les frais de justice, le privilége des contributions directes et du timbre, et sauf aussi ce qui est dû pour six mois de loyer et la revendication des marchandises en nature encore sous balle et sous corde.

3° D'après la loi du 22 août 1791, le privilége de la régie des douanes sur les meubles et effets mobiliers des redevables doit s'exercer par préférence à toutes les créances, excepté les frais de justice et autres créances comprises dans l'art. 2101, et les loyers pour six mois seulement, et sauf aussi la revendication formée par le propriétaire des marchandises en nature encore sous balle et sous corde.

4° D'après la loi du 5 septembre 1807 et l'avis du conseil d'État du 25 février 1808, le trésor public et le trésor de la couronne ne pourront venir, en vertu de leur privilége sur le prix des meubles et immeubles des comptables, qu'après les créances énoncées aux art. 2101, 2102, 2103 du Code Napoléon.

5° Enfin le privilége pour le recouvrement des frais de justice, en matière répressive, est primé, aux termes d'une autre loi du 5 septembre 1807, par tous les priviléges établis dans les art. 2101, 2102 et 2103 du Code Napoléon, et de plus par les sommes dues pour la défense personnelle du condamné. Sous ce dernier rapport, ce privilége est donc moins favorable que le précédent,

mais à cette seule exception près, les priviléges du trésor résultant des deux lois du 5 septembre 1807 , vien-
draient concurremment et au même rang , parce que
ces deux lois ont établi les mêmes règles pour leur
exercice.

§ 2. *Exercice des priviléges du trésor en cas de faillitte des*
redevables.

Les différents priviléges établis en faveur du trésor
public ne sont point soumis aux règles relatives aux
faillites. Ainsi les agents du gouvernement ont toujours
le droit de poursuivre le privilége devant le tribunal
civil du lieu où le recevable est domicilié, quand même
il serait tombé en faillite et qu'il se présenterait d'autres
créanciers à raison d'un commerce qu'il aurait fait; les
créanciers ont seulement la faculté d'intervenir devant
le tribunal civil pour la conservation de leurs droits qui
doivent être discutés avec les agents du trésor. C'est au
tribunal civil à ordonner toutes les mesures propres à
la conservation des biens du débiteur commun. En
effet, les causes qui concernent le trésor doivent être
communiquées au ministère public, suivant l'art. 83 ,
n° 1, du Code de procédure, et il y aurait nullité d'ordre
public dans un jugement portant condamnation contre
le trésor , si le ministère public n'avait pas donné ses
conclusions , et la rentrée des créances privilégiées du
trésor ne pourrait être, sans inconvénients, soumise aux
lenteurs qui accompagnent d'ordinaire la liquidation
d'une faillite.

APPENDICE.

Droits du trésor public pour le recouvrement des droits de mutation après décès.

Lors de la discussion du Code Napoléon, le projet avait été d'assigner un privilége sur les meubles et les immeubles des successions pour droits dus à leur ouverture à la régie de l'enregistrement. Cette disposition se trouvait inscrite dans la première rédaction de l'art. 2105, mais on la supprima dans la vue de réunir tous les droits du trésor public sous une disposition générale. Ce projet, comme on le sait, ne s'est pas accompli, et comme aucune loi postérieure au Code Napoléon n'a été rendue sur cette matière, il en résulte que le fisc n'a pour le recouvrement des droits de mutation par décès qu'une simple action sur les revenus des biens à déclarer en quelques mains qu'ils se trouvent, tel qu'il est établi par l'art. 32 de la loi du 22 frimaire an VII, qui n'a reçu aucun changement sur ce point. L'État n'a donc point ici de privilége à exercer, et la question semble par conséquent ne point appartenir à notre sujet; cependant, comme beaucoup d'auteurs reconnaissent non pas seulement un simple droit sur les revenus, mais bien un privilége, et comme il existe à cet égard une jurisprudence excessivement divergente, nous avons cru devoir entrer dans quelques détails.

Aux termes de l'art. 32 de la loi du 22 frimaire an VII, les droits des déclarations des mutations par décès seront payés par les héritiers, donataires ou légataires;

9

les cohéritiers sont solidaires : la nation aura action sur les revenus des biens à déclarer , en quelques mains qu'ils se trouvent , pour le paiement des droits dont il faudrait poursuivre le recouvrement.

La régie a donc la faculté de poursuivre un seul héritier pour tous; mais l'héritier qui a payé pour les autres a son recours contre eux pour la part de chacun d'eux dans la dette commune.

Outre l'action personnelle que la loi accorde à la régie contre les appelés à une succession , elle lui donne une action réelle sur les revenus des biens à déclarer : cette action ne s'exerce jamais sur la chose même , mais elle atteint tous les revenus, quelle que soit la nature des biens qui les produisent.

Il s'est élevé à ce sujet la question de savoir si par ces mots : en quelques mains qu'ils se trouvent, la loi a constitué un droit de suite, frappant l'immeuble même dans les mains d'un tiers acquéreur. Un arrêt de la Cour de cassation du 5 janvier 1809 avait jugé que cette disposition ayant établi sans exception ni distinction un droit de suite sur les revenus de l'immeuble héréditaire, en quelques mains qu'il soit passé, ce n'est pas l'héritier seulement qui est grevé de l'acquittement du droit de mutation , ce sont les biens de la succession, quel qu'en soit le détenteur. Mais un avis du conseil d'Etat du 21 septembre 1810 a tranché la question. Cet avis interprétatif de l'art. 32 a décidé que le droit de suite n'avait lieu que contre les personnes dénommées en cet article , c'est-à-dire contre les héritiers , donataires ou légataires , et qu'ainsi un tiers acquéreur est à l'abri de toutes poursuites de la part de la régie, sauf le droit, appartenant à celle-ci comme à tout autre créancier, de former des saisies-arrêts ou de produire à l'ordre sur le prix des biens aliénés. Ainsi, d'après cela, un fermier ne pourrait voir saisir ses récoltes pour le paiement des droits de mutation après décès, sauf pour la partie qui en appartiendrait à l'héritier. Cet avis se fonde sur ce qu'il n'est question dans les art. 32 et 39, que des héritiers, donataires ou légataires, et nullement des tiers acquéreurs, attendu que ce n'est pas à ces derniers à faire les déclarations de mutations, et que les peines pour omissions de biens ou insuffisances d'estimation ne peuvent s'appliquer à eux.

Quant à la question de savoir si cette action constitue ou non un privilége, nous répondrons d'abord que nulle part dans la loi du 22 frimaire an VII, la seule que nous ayons sur la matière qui nous occupe, il n'est question de privilége : le mot privilége n'est pas même prononcé dans cette loi. Or, les priviléges sont de droit étroit; aucun ne peut être établi par argumentation et sans un texte positif. Quant aux art. 15 et 32 que l'on invoque, l'art. 32 ne parle pas de privilége, et l'art. 15 résout uniquement la question de savoir si le *quantum* des droits à percevoir sera réglé eu égard à l'actif brut de la succession, c'est-à-dire eu égard aux biens sans distraction des charges, ou seulement eu égard à l'actif net, c'est-à-dire proportionnellement aux biens, déduction faite des charges.

————

Une loi du 17 juillet 1856 vient de créer un nouveau privilége en faveur du trésor public.

Cette loi consacre une somme de 100,000,000 à des prêts destinés à faciliter les opérations de drainage.

Ces prêts sont remboursables en 25 ans par annuités dont le recouvrement a lieu de la même manière que celui des contributions directes.

Il est accordé au trésor public, pour le recouvrement de l'annuité échue et de l'annuité courante, sur les récoltes ou revenus des terrains drainés, un privilége qui prend rang immédiatement après celui des contributions publiques. Néanmoins les sommes dues pour les semences ou pour les frais de la récolte de l'année sont payées sur le prix de la récolte avant la créance du trésor public.

Le trésor a également pour le recouvrement de ses prêts un privilége qui prend rang avant tout autre sur les terrains drainés.

L'État n'acquiert le privilége que sous la condition d'avoir fait préalablement dresser un procès-verbal à l'effet de constater l'état de chacun des terrains à draîner, relativement aux travaux de drainage projetés, d'en déterminer le périmètre et d'en estimer la valeur actuelle d'après les produits. De plus, une inscription doit être prise dans les deux mois de l'acte de prêt et contenir un extrait sommaire du procès-verbal.

PROPOSITIONS.

DROIT ROMAIN.

1° La loi 46, D. *de donationibus inter virum et uxorem*, et la loi 1re, § 4, D. *de acquirenda vel amittenda possessione*, ne sont pas inconciliables.

2° En matière d'usucapion, le *justus titulus* est exigé comme condition distincte de la bonne foi.

3° Les *justæ nuptiæ* n'exigent que le consentement sans la tradition, c'est-à-dire la *deductio in domum mariti*.

4° La plainte d'inofficiosité ne peut jamais appartenir au donateur lui-même.

DROIT CIVIL FRANÇAIS.

5° La vente consentie par l'héritier apparent est nulle.

6° Les créanciers du défunt, qui ont demandé la séparation des patrimoines et qui ne sont pas intégralement payés sur les biens du défunt, peuvent concourir sur les biens de l'héritier avec ses créanciers personnels.

7° Il n'y a pas contradiction entre l'art. 335 du Code Napoléon, qui prohibe expressément la reconnaissance des enfants incestueux ou adultérins, et l'art. 762 ibid., qui accorde des aliments à ces enfants.

8° L'étranger, qui a divorcé selon les lois de son pays, peut contracter mariage en France.

DROIT PUBLIC.

9° L'engagement dans les ordres sacrés constitue un empêchement prohibitif au mariage.

10° Les rivières qui ne sont ni navigables ni flottables appartiennent à l'État.

DROIT CRIMINEL.

11° L'accusé qui a été condamné pour crime ou délit par le tribunal de police correctionnelle, ou par arrêt de la cour d'assises, ne peut remettre en question devant les tribunaux civils où l'action en dommages-intérêts serait portée ensuite le fait qui a donné lieu à sa condamnation.

12° Le prévenu acquitté par jugement de la cour d'assises ou du tribunal correctionnel ne peut, actionné au civil en dommages-intérêts, se prévaloir du jugement ou de l'arrêt d'absolution pour repousser la demande.

Vu pour l'impression par le soussigné Doyen président de l'acte public.

Strasbourg, le 29 juillet 1856.

AUBRY.

Permis d'imprimer.
Strasbourg, le 30 juillet 1856.

Le Recteur,
DELCASSO.